# 自律就是自由

## DISCIPLINE EQUALS FREEDOM

喬可·威林克 Jocko Willink｜著

林步昇｜譯

經營管理 150

# 自律就是自由

輕鬆取巧純屬謊言，唯有紀律才是王道。

| | |
|---|---|
| 作者 | 喬可・威林克（Jocko Willink） |
| 譯者 | 林步昇 |
| 視覺設計 | 陳文德 |
| 企畫選書人 | 文及元 |
| 責任編輯 | 文及元 |
| 行銷業務 | 劉順眾、顏宏紋、李君宜 |
| 總編輯 | 林博華 |
| 發行人 | 涂玉雲 |
| 出版 | 經濟新潮社 |
| | 104 台北市民生東路二段 141 號 5 樓 |
| | 電話：(02)2500-7696　傳真：(02)2500-1955 |
| | 經濟新潮社部落格：http://ecocite.pixnet.net |
| 發行 | 英屬蓋曼群島商家庭傳媒股份有限公司城邦分公司 |
| | 台北市中山區民生東路二段 141 號 11 樓 |
| | 客服務專線：02-25007718；25007719 |
| | 24 小時傳真專線：02-25001990；25001991 |
| | 服務時間：週一至週五上午 09:30-12:00；下午 13:30-17:00 |
| | 劃撥帳號：19863813；戶名：書虫股份有限公司 |
| | 讀者服務信箱：service@readingclub.com.tw |
| 香港發行所 | 城邦（香港）出版集團有限公司 |
| | 香港灣仔駱克道 193 號東超商業中心 1 樓 |
| | 電話：25086231　傳真：25789337 |
| | E-mail: hkcite@biznetvigator.com |
| 馬新發行所 | 城邦（馬新）出版集團 Cite(M) Sdn. Bhd. (458372 U) |
| | 41, Jalan Radin Anum, Bandar Baru Sri Petaling, |
| | 57000 Kuala Lumpur, Malaysia. |
| | 電話：(603) 90578822　傳真：(603) 90576622 |
| | E-mail: cite@cite.com.my |
| 印刷 | 漾格科技股份有限公司 |
| 初版一刷 | 2018 年 9 月 4 日 |
| 初版十五刷 | 2020 年 6 月 16 日 |

ISBN：978-986-96244-7-3（平裝）
版權所有・翻印必究

定價：380 元　　Printed in Taiwan

# Discipline Equals Freedom

## 自律就是自由

## 免責聲明

●

本書謹獻給海豹三隊硬漢任務小組（Task Unit Bruiser）英勇作戰並壯烈犧牲的成員：馬克‧李（Marc Lee）、麥可‧孟索爾（Mike Monsoor）與萊恩‧賈伯（Ryan Job）。

# 精神上的自由

文 —— 徐國峰（運動作家）

紀律　　　　　　　　　　　　　　　　　自由

本書的作者喬可・威林克（Jocko Willink）提出「紀律等於自由」（Discipline Equals Freedom）這樣的結論，可能有些人會覺得奇怪，「紀律」與「自由」不是兩個相反的概念嗎？為何會相等？

我們可以從身體與言論的自由思考起。古代的奴隸沒有身體的自由；白色恐怖時代沒有思想與言論的自由；活在二十一世紀的時代，我們能夠自由決定要去哪要裡，也可以自由發言，但身體、言論與思想上的自由卻不保證「精神上的自由」。事實上，很少人有機會體驗到精神上的自由。

一般所認為的自由是：只要我喜歡的事都能去做，沒有任何阻礙。所以有錢人能做的事情比較多，他們比窮人還要自由，外在的自由的確是如此，但精神的自由卻超越外在的限制。十八世紀的德國哲學家—康德認為完全隨心所欲的人，反而無法獲得精神上的自由，他對自由的定義更為嚴格，卻也更為接近威林克對自由的理解。

康德提出外在的自然現象與動物天生的生理欲求，都是無法改變的「他律」（heteronomy）。由他律所驅使的行為都不是真正的自由，只是出於服從，就像早期雪碧的廣告名句：「順從你的渴望」（Obey Your Thirst），便是在說服我們成為渴望的奴隸。在康德的定義下，完全被「他律」擺布的人就像自由落體中的身體一樣，完全受制於他律，是不自由的。

但不要誤會了，威林克並不是要我們強硬地去對抗欲望，正如他在書中強調睡眠與營養的重要性一樣，我們還是需要滿足基本的生理需求，就像我們還是需要重力才能移動，移動的效率來自於巧妙地運用重力。我們既需要他律，又不能強硬地與它對抗。因為他律是自然的一部分，道家所謂的順應自然，也並非完全地服從，而是要學會與自然／他律一起行動。

我們之所以能自由奔跑，是因為雙腳能穩定地支撐在地面上才能運用重力來讓身體前進，如果跑在冰面或沙地上，由於支撐不穩定所以自由度就會下降，最悲慘的情況是不自覺地跑到懸崖邊，踩空之後完全被重力所掌控。失去支撐的結果是：墜落。

有了支撐點才能運用他律，支撐愈穩固，移動的自由度愈高，若完全失去支撐點就會被他律掌控。康德提出精神上的支撐點來自「純粹理性」建構的「自律」（autonomy）。人有尊嚴與精神上的自由，正是來自這種自律能力。這種能力標示了人與其他動物的差別。這正如威林克在〈紀律從何而來？〉一節中所提到的「紀律來自內心，是內在的力量……；真正的紀律無法外求，外在紀律的力量不強、不會持久，也無法自給自足。」

在本書中，自給自足的紀律被分成〈思考〉與〈行動〉兩個層面，它們既獨立又互相影響，威林克分別以強而有力的言語提示讀者：我們的目標是從「思考」活動開始就要對自己的腦袋宣布戒嚴，控制自己的心，別讓它反過來控制你。接著採取「行

動」，行動的目標純粹只是為了遵循自定的紀律，而非為了外衍的效益。如果人生是一場馬拉松，當跑者只想著獎牌、名次或成績等實質的利益時，人就變成了追求利益的工具，人變成工具就會失去精神上的自由。

威林克引導大家去認識自我、釐清自我的目標，持續付諸行動。過去的創傷、挫敗與痛苦都跟現在的思考與行動都沒有關係，無須受制於過去，而是朝向自己決定好的目標而行動。如果我們開始實踐書中的建議，你會慢慢發現「紀律」與「自由」這看似對立的兩端將連接在一起，原來精神上的自由源於內在秩序的建構，就像威林克的建議，如果我們能下定決心，不計利益得失，擁抱這股冰冷又無情的力量，精神上就會感到無比的自由。

紀律＝自由

# 找回人生的主導權，就從建立紀律開始

文 —— 蔡志浩（認知心理學家）

沒有人是完美的。世界也不完美。所以面對這個世界經常讓我們感到挫折與灰心。很多人選擇放棄，讓別人決定自己的人生，怨歎終身。但你也可以選擇迎接挑戰，找回人生的主導權。就從建立紀律開始。

## 運動

最關鍵的第一步：運動。你不管做什麼都得訓練自己，而運動是所有訓練的原型。好好運動，好好吃飯，好好睡覺，讓這些事成為強化身心靈與社會連結的正向循環。重新啟動生活，才有能力重新校準人生。

我今年四十九歲，規律騎公路車、跑步與肌力訓練。BMI 21，體脂 15%。在你讀到這篇推薦序的時候，我已持續運動三年，沒有一週中斷。

我的「運動契約」很基本，就是眾所皆知的「三三三」：每週至少三次、每次至少三十分鐘有效運動（以心率為判準），這只是低標。每週我平均做到五次、總計約五至六小時的中高強度運動。最重要的還是再忙再累，甚至意外受傷也絕不中斷。

最近，我開始晨跑，但我從來不是晨型人。意外的是我很快適應，而且喜歡。就算

清晨下大雨不能跑，還是在晨跑時間起床。心理上還是跟要晨跑的日子一樣做準備，這也是給自己的意象訓練。

這三年伴隨運動而來的飲食紀律則是：必吃早餐，以低熱量高營養密度食物為主；除假日家庭聚餐外，不攝取含添加糖的飲料或食物；飲食均衡，碳水化合物六成，蛋白質與脂肪各兩成；不吃宵夜。

然而你可能無法想像，三年前，我還是個完全不運動的肥宅。再早幾年甚至曾經到 BMI 25 的肥胖等級。挺個肚子，體適能極差，走沒幾步路就喊累。

## 更好的自己

運動，讓你成為更好的自己。那些把你埋藏起來的脂肪逐漸消失，真實的你逐漸浮現。持續的訓練又讓真實的你成為更好的你。體適能以外，心理素質以及隨之而來的社會連結，都會變得更強。

漸進超負荷是運動訓練最基本的原則：運動強度必須超出習慣的負荷程度才能讓你變強。既是超負荷，就代表未曾體驗過。你不會知道能否完成。但是只要你盡力去嘗試，不論順不順，都會變強。

當你懂得透過漸進超負荷強化自己，人生也會跟著改變。在運動中建立的紀律讓你更歡迎生活中的不確定性：對陌生的體驗從原本的懼怕轉化為期待，更願意嘗試與探索未知。而這正是適應快速變化的世界，所需要的核心能力。

這樣的影響十分深遠。你在生活與工作中，都不會只是安於現狀，而會努力成為更好的自己。你會用更好的自己帶著自己的家庭與工作團隊迎接挑戰，作出承諾，共

同成長，得到更好的成果，共創更高的價值。不只負責，更能當責（accountability，為了交出最終成果擔負完全責任）。

對三明治世代的中高齡族群來說，藉運動紀律找回自己更是重新奪回自己人生主控權的關鍵，以及活躍老化的基礎。它讓你能持續自我實現與貢獻社會，而不會習得無助（learned helplessness，指一個人面對挑戰情境時的消極心態，即使輕易成功的機會擺在面前，也缺乏嘗試的勇氣），更不會提早失能，長期臥床，抑鬱而終。

## 無關意志力

很多人覺得建立紀律要靠意志力。那其實是種錯覺。當你覺得做一件事要靠「意志力」時就表示你不真的懂、不真的喜歡這件事，對自己也沒有信心。小心，你使用什麼詞彙就透露了你是什麼樣的人。

紀律是來自內心的正向力量。這組力量包括你的自我效能，對更好的自己的想像，以及清楚的訓練意識。你開心地想要把自己訓練成更好的自己，也相信自己有能力做到。最重要的是你享受這個過程。

當你專注維持紀律訓練自己，你會意識到世界變得更單純。你會覺得抱怨大環境或在意別人眼光都是浪費時間。寧可把時間省下來，更積極地訓練自己，讓自己變得更強。這一點也不難，只要轉換觀點就做得到。

都是一念之間的事。就像我常說覺得懶得動或太累不想動的時候就是最好的運動時機，因為那表示你有時間。告訴自己覺察到這些感覺就去運動，即使低強度也好。你很快會建立運動習慣。

記住，盲目的意志力維持不了太久。有智慧的紀律才能永續。

## 永續

紀律是一輩子的事。然而很多人只看短期目標，不懂得享受過程。例如，為了考試念書，為了減重運動。最後哪都到不了，什麼都得不到。只想抄捷徑的人必定會走上歧途，心術不正的人總要遇上神棍。

你應該要思考的是：我是誰？我和世界的關係應該是怎樣的？每一天結束的時候，我是不是變得更強？這世界的哪些面向因為我變得更強而變得更好？不要跟別人比，而是跟過去的自己比。

找到自我認同與人生哲學，你才能確保自己做的事符合性格、天賦與興趣。如此，你做每一件事都是同時在訓練自己與貢獻世界。當你做這些事的時候，你變得更強，世界也變得更好。而你始終樂在其中。這是建立永續紀律的基礎。

當我閱讀《自律就是自由》時，我也看到了自己這些年經歷的一切。這是一本很精采的書。每個人都需要紀律，不論你覺得自己是否需要。太方便的生活不是真的自由，你只會愈來愈弱。唯有建立紀律，你才能得到真正的自由。

# 開發自己、持續進步的祕密

文 —— 詹益鑑（BioHub Taiwan 助理執行長）

十多年來，我在創業與創投的身分幾番來回，深刻體驗到從創業初期、規模化成長到企業成熟階段，有三件事情是創業者始終要親力親為、以身作則的：那就是持續地開發產品、開發市場，還有開發自己。

前兩項任務容易理解但不容易一起執行，畢竟多數創業者的背景，往往不是技術就是業務；工程師出身的創業者通常不喜歡面對使用者與客戶，業務出身的創業者往往不願意專注在產品的修正與更新上。於是，前者總是宅在實驗室或電腦螢幕前，美其名是專注產品、親自動手，其實只是把自己放在舒適圈；後者剛好相反，每天往外談生意接訂單、卻不願意靜下心來打磨產品、鑽研核心。

關於業務與技術的兩難問題，往往可以透過團隊組合來改善，許多優秀的創投除了協助資金挹注，往往也會媒合人才，甚至在初期親自下海，扮演那個團隊所缺乏的另一半。但是，開發自己這件事，就當真沒辦法找其他人來互補了。

因為執行長的能力與極限，就是公司的「天花板」，隨著公司規模成長，優點會被稀釋、缺點會被放大，一個無法提升自己、持續進步的創業者與經理人，最終就會限制公司的視野與格局。因此，「開發自己」堪稱成功創業者與專業經理人「最重要的一件事」。

那何謂開發自己？該如何進行？這本書，提供了全面而精要的操作要領。

紀律兩字，背後就是恆毅力，就是執行力。任何一個成功的投資人、企業家，抑或是創作者、專業工作者、世界級選手，憑藉的除了與生俱來的天賦及特質，全部都是因為日復一日、精益求精的反覆與專注。

這本書談的就是專家的養成，但是，重點不在於時間的長度，而在於重複的次數、強度以及對於細節的要求與掌握。如果「規律」是每天做一樣的事，那麼「紀律」是在每天做一樣的事之外，還要持續地修正與進步。

姑且不論在專業工作或特定領域的長期專注與進步有多困難，即便要做到精進生活起居、心理素質與強健的體魄，其實多數人也難以做到。而這就是這本書最值得推薦的地方。

雖然作者是戰功彪炳的軍人出身，接著從事企業或組織主管的領導與管理顧問工作，但是這本書裡的重點，其實是自我管理與身心靈的精進。

面對變動愈來愈快的環境，我們唯一能加強的是自己的適應力，無論在身體或心理上的素質都是。即便追求的是小確幸，也需要好好努力，因為世界已經是平的，沒有甚麼新鮮事。

從進化的觀點，惰性讓人類整體進步，但是個體愈來愈弱；若要成為群體中的強者，你需要的就是開發自己的認知與執行力。若要長期專注在一件事情上，身體與心智同樣重要，也同樣需要鍛鍊。

因此，別再放任自己的惰性，因為那不會讓你找到更高的使命。如果你想要成就某些事情，即便只是成就自己，唯一該做的，就是「贏過昨天的自己。」

除了創業與運動，另一個我長期關注的主題是實驗教育。而我一直相信蒙特梭利女士（Maria Tecla Artemisia Montessori，1870 — 1952）所說的：「所有的自由都是建立在紀律之上，當孩子願意遵守紀律時，他的自由就是無限的。」

其實無論是孩子或是成人，無論你是創業者還是投資人，不管你想成就自己還是改變世界，自由與成功的唯一方案就是開發自己、持續進步。

說穿了，就是「紀律」二字而已。

Discipline Equals Freedom
**自律就是自由**

# 目錄

第一部分 ——————————————————————————

# 思考

第二部分

# 行動

# 思考

# 紀律之道

許多人成天想要抄捷徑、偷吃步。
如果這是你打開本書的原因，只會大失所望。

所謂捷徑根本是謊言。
偷吃步也達不到目標。

如果你只想挑輕鬆的路走，
永遠都達不到內心的夢想：
變得更強壯、更聰明、更敏捷、更健康，
成為更好的自己。
獲得真正的**自由**。

想要達成目標、克服困難、努力活出最棒的自己，
絕不可能憑空發生，也不可能靠偷吃步、抄捷徑，
或專挑輕鬆的方式，

## 想要輕鬆？門都沒有。

努力才是正途。不管深夜清晨，一再演練、反覆熟悉、用功讀書、流血流汗、苦幹實幹、不斷受挫，嚴守**紀律**二字。

## 紀律不可或缺。

紀律是所有優點的根基，
是每日按表操課的動力，
是克服懶散、疲態與藉口的核心原則。

紀律能戰勝「今天不行」、「等等再看」、「我要休息」、「明天再做」等沒完沒了的藉口。

有人問訣竅何在？如何變得更聰明、更敏捷又更健康？如何不斷進步？如何獲得真正的自由？

方法無他，**唯有遵守「紀律之道」。**

# 紀律的理由

為什麼要有紀律？
常常會有人問我：為什麼？
我的動力何在？
年輕時，我時時刻刻都要備戰。
我知道在某個地方，
有人同樣在備戰。
那個人就是敵人。

他正在努力訓練、運籌帷幄，
之後我們就要在戰場上交鋒。

我不知道時間，
也不曉得地點，
但很肯定我們遲早會碰頭。
我想做好萬全準備，
包括身心與情感的準備。
所以我努力訓練、認真備戰，
一切都是為了那天的來臨。
我當上隊長後，
採取相同原則對待隊員。
訓練起來殘酷無情，

以後作戰才能殘酷無情。
接著，那天來臨了。
我們在戰場上遇到敵人。

我們做足準備、奮力戰鬥，
最終取得勝利。
某天，一切都結束了。
我不再是軍人、不再是隊長，
不再需要時時刻刻備戰了。
那麼，我現在哪來的動力？
答案很簡單：
我的弟兄**馬克、麥可和萊恩**再也回不了家了。

但犧牲的不只他們，
還有許許多多弟兄、
成千上萬名的士兵，
無數生命就此殞落。
他們浴血奮戰、慷慨就義，我才能享受珍貴的自由。
為了他們，
我不會浪費每天、每分與每秒，
我要好好活著，紀念他們的犧牲，
不辜負他們為了我、為了所有人，
用自己的生命付出代價。

我絕對不會辜負他們。

# 紀律從何而來？

紀律從何而來？
答案很簡單：紀律來自內心，是內在的力量。

當然，你可以靠外人的幫助，
不管是找魔鬼教練也好、
電視上的心靈導師也罷，
都能逼自己遵守紀律；但真相是，
真正的紀律無法外求。

因為外在紀律的力量不強、不會持久，
也無法自給自足。
你在尋找且需要的其實是**自律**。

顧名思義，自律的來源是**你自己**。
當你決心要有紀律、想改善人生，
自律就會於焉誕生。

當你決心不要甘於現狀、要**闖出**一番事業，
自律就會由心而生。

如果你覺得自己缺乏紀律，
往往只是因為**還沒**下定決心、
**還沒**創造紀律、
**還沒**活出紀律。

紀律從何而來？
紀律就在**你**身上。

所以，現在就下定決心，
立刻做出承諾，
馬上活出紀律，擁抱這股冰冷又無情的力量。

你就會超越自己，變得更強大、更敏捷且更健康。
最重要的是，
紀律會帶來自由。

自律就是自由

# 如何戰勝拖拉的壞習慣

許多人想知道根除懶惰的方法，
也想學會戰勝拖拉的技巧。

他們腦袋裡有個念頭，
甚至編織美好的**願景**。

但他們不曉得從何著手，於是到處問人。
他們常問：我要從何開始？何時才是最佳時機？
我的答案很簡單：
**此時此地**。

沒別的好說。
你想要進步嗎？
你想日新又新？
想要展開健身計畫、健康飲食或自己創業嗎？
想要寫書、拍電影、蓋房子、打造電腦或研發程式嗎？

從何開始？就是**此地**。
何時開始？就是**現在**。
採取行動、**向前邁進**就對了。

真相就是：

念頭不會憑空成真。

文字不會自己寫成。

健身房的器材更不會自己移動。

## 一切都要由你展開行動。

而且現在就要行動。

所以，你不要考慮半天，也不要做白日夢。

別只是研究各種細節、閱讀大量資訊、衡量利弊得失……

先做就對了。

踏出第一步，實踐想法，追求夢想。

## 此時此地就是答案。

# 你只管得動自己

別人無法滿足你的期待，不要再崇拜偶像了。

當然，別人身上有些值得學習之處，但不可能完全符合你理想中的
樣貌。

就算是那些你眼中的神人，都會被人挑出毛病，也可能無能軟弱、狂
妄自大或盛氣凌人，或者做事懶散、自認握有特權或短視近利。他們
不可能完美，遠遠不及完美。

這也不要緊，可以拿別人的缺點警惕自己。當然，也要學習他們的優
點、效法他們的長處，但他們的短處同等重要：當作錯誤示範。

## 引以為戒。

因為你管不了別人，無法強迫他們符合你的期待或成為你心目中的樣子。

你只管得了自己，
所以把注意力擺到自己身上，培養你想具備的特質：

更敏捷、**更強壯、更聰明、更謙虛**，少點自我。

讓身體堅守紀律、讓內心獲得自由。
每天早起，向前邁進。
努力追求目標，你就會成為理想中的自己。
方法就是：

每·次·踏·出·一·小·步。

# 心智控制

一般人想到「心智控制」一詞，都覺得是控制別人的心智。
但我正好相反，我想到的是控制自己的心智。
當然，人是有血有肉的生物，我們必須接納這項事實。
但我們反映了自己的心智。
我不打算用哲學的角度說明其中意涵，
或探討真正的**你**究竟在哪裡——是靈魂、大腦還是內心呢？
我只知道，所謂你和你的心智，就是正在閱讀、理解這些文字的人。

你可以**控制心智**。你就是一台機器，自己能加以操控。
常有人問我：「怎麼樣才能更堅強？」
**努力變得堅強。**
「怎麼樣才能早起？」
**明天開始早起。**
「怎麼樣才能每天規律健身？」
**每天都去健身。**
「怎麼樣才能戒掉甜食？」
**從此不吃甜食。**
你甚至可以掌控自身情緒：
「怎麼樣才不會想念前女友或前男友？」
**不去想就對了。**

你的心智由你控制，只需展現自己的意志。
你得下定決心取得掌控權、實踐自己想做的事。

軟弱**不是藉口**。
懶惰**不是藉口**。
悲傷**不是藉口**。
挫敗**不是藉口**。
負面思考**不是藉口**。
你的脾氣**不是藉口**。

所以，下次你感到軟弱、懶惰、頹廢或心煩時，告訴自己這些情感統統都不是藉口。

**控制心智**，就是對自己的腦袋宣布戒嚴，
把自己的想望灌輸到大腦裡：
**紀律**
**力量**
**正向**
**意志**

運用心智控制的能力，追求人生的目標：
變得更強壯、更敏捷、更聰明、更迅速、更友善、
更懂得助人、更有動力。
你要主動控制心智，別讓它反過來控制你。
這樣一來，你就能**讓心自由**。

# 軟弱

我有沒有缺點？
我天生就是弱者。
天生就不強壯、不敏捷也不靈活。
我的聰明才智也絕非頂尖。

我為了蠢事生氣，
亂吃一通、缺乏睡眠、
做事拖拉、浪費時間。
我放不下一堆蠢事，
卻輕忽了重要的事，
我的自尊太強、心胸太窄，
常常受困其中。

儘管有這些缺點，我仍秉持一條信念：
一個人的優點，往往也是最大的弱點。
反過來說，
最大的弱點也可能變成優點。
我呢？從上述方面來看，我確實很軟弱。

## 但是
我不甘心。

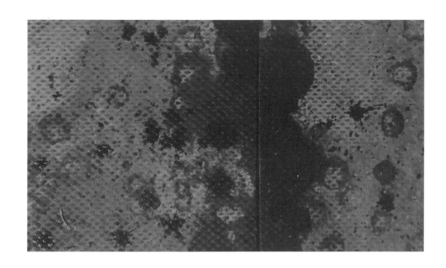

我不甘於自己的樣貌，不甘於註定只能軟弱。

我不甘心。

我要起身反抗。

我每分每秒都在反抗，奮力掙扎、腳踢拳打——只為了改變缺陷、克服弱點。

有時候我贏得勝利，有時候我敗下陣來。

但日復一日，我都重整旗鼓，

繼續往前邁進。

我的雙拳緊握，踏上戰場、迎向挑戰。

我用盡所有力量打仗，一心要戰勝弱點、不足與缺陷，

但求每天都比昨天進步一點點……

# 壓力

首先要聲明的是，我無意輕視日常面臨的壓力。

但是，不妨想想二戰期間，前陸戰隊員尤金・史雷治（Eugene Sledge）在貝里琉島（Peleliu）上的經歷，以及數萬名陸戰隊員面臨的慘烈戰況。

也可想想參與韓戰的大衛・海克沃斯（David Hackworth）於前線攻擊敵軍，即使傷痕累累，依然一再回到戰場。

或想想投筆從戎的詩人艾倫・席格（Alan Seeger），慷慨赴了死神之約。

想想那些犧牲自己的無數士兵，何以勇敢面對邪惡與死亡。

現在，回頭想想自己。我以前派駐伊拉克時，每當感到壓力來襲，都會進行這個想像練習。

沒錯，戰爭一定會有弟兄傷亡；沒錯，傷亡實屬憾事、令人心碎又無比可怕。

但士兵在戰場上遇過更為慘烈的情況，舉凡索姆河戰役（Battle of the Somme）、蓋茲堡戰役（Battle of Gettysburg）、亞登戰役（Battle of the Bulge）和長津湖戰役（Chosin Reservoir）都傷亡無數。

人類可以承受的壓力超乎想像——你當然也有能力。

所以，克服壓力的第一步就是「綜觀全局」。

為了做到這點，你必須在許多情境中學會「抽離」。

無論你面臨的問題或壓力為何，先從中抽離。

壓力的根源通常超乎你的掌控。

36

壓力最討人厭的地方，就是無法控制，出現的當下，你只能坦然接受。

假如明明控制得了，你卻束手無策，那就是缺乏紀律與自主性。
你要奪回控制權、貫徹你的意志，好讓改變成真。

假如你真的控制不了，就接受它吧。
雖然超出你的掌控，但是何妨從不同角度看待呢？
如何才能化壓力為助力呢？

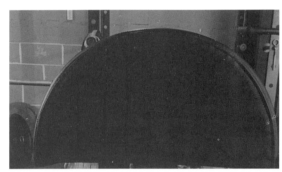

我無法控制戰場上的混亂場面。

我不得不接受。

我必須設法將壓力納為己用。

努力讓它跟你同一國吧。

所以，不要抗拒壓力，要接受壓力、借力使力。

藉由壓力來鍛鍊自己，提升敏銳度與警覺度；藉由壓力來思考、學習、進步、
提升辦事效能（effective，做正確的事情）。

善用壓力來幫自己精益求精。

# 狂人模式

這股幹勁從何而來？怎麼樣才能變成努力不懈、不顧一切、火力全開的拚命三郎呢？

我認為，這其實得靠後天學習。

而且學起來十分困難，不是所有人都學得會。
但是我必須說，這是很重要的人生課題，也是成功的關鍵。
這能讓你比原本跨出更大一步。

再往下探究一點、
再往前推進一些，
追求前方的目標。

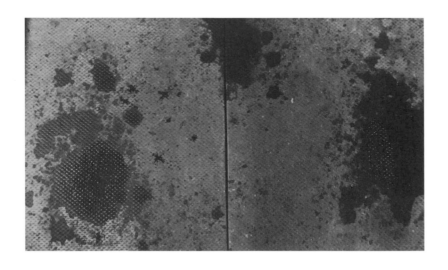

第一部分：**思考**

而且，這得憑藉兩股相反的力量，
也就是**邏輯**與**情感**，
你才能發揮出最大潛力、用盡一切力氣、突破原本的極限。

由於邏輯和情感都有各自的侷限，
當其中一股力量撐不下去，你就要仰賴另一股力量。

當你邏輯上認為無法繼續下去，就要藉助情感的力量，把憤怒、挫折、恐懼
化作前進的動力，逼自己說出「我不放棄」。

當你情感上覺得受夠了，或覺得快要喘不過氣，就要用具體的邏輯和意志
力，告訴自己「我不放棄」。

用邏輯的力量對抗情感的軟弱，用情感的力量對抗邏輯的無力。

兩股力量平衡時，你就會找到力量、韌性與膽量對自己說：
# 我・不・放・棄。

# 堅持到底

我以前在戰場上常常見到一件事：士兵一旦完成了任務的主要目標就鬆懈下來。

所以，日後在訓練學員時，我都會設法幫他們戒掉這個習慣。

因為唯有整個任務圓滿達成，你才有資格真正放鬆。

在訓練的過程中，我們絕對會猛攻各排士兵的主要目標；但士兵離開主要目標、準備返回基地時，心態往往跟著放鬆、解除警戒狀態，此時我們還會來個迎頭痛擊。

我們步步進逼，從四面八方攻得他們措手不及。

如此一來，士兵才會培養正確的態度，身心才會記得要堅持到底。

就算他們回到了基地，也會被重新分配任務，非得從頭擬定計畫。我當初要灌輸給他們的心態，就是備戰永不停歇。

根本沒有真正結束的一天。

你永遠都有事要做，
可能是新的任務、工作或目標。
敵人則一直虎視眈眈、伺機而動，
等到你露出疲態、鬆懈防備、放下武器、闔上眼睛，
即使只有一瞬間，他們就會無情攻擊。
所以不要停下來。
**保持警戒、做好準備、主動出擊。**

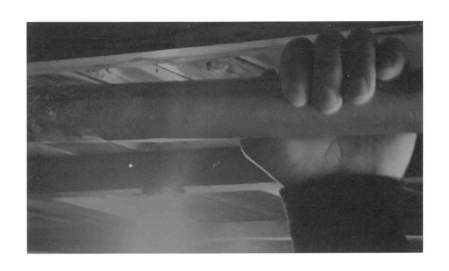

## 切勿手下留情。

任由敵人停下腳步、開始鬆懈、結束戰備。
你呢？正好相反，絕不停下、也不休息，直到消滅敵人為止。
屆時要把專注力放在自己身上，可不能倒頭就大睡特睡，
而是要藉機讓自己**更好、更敏捷、更聰明且更強健**。

只要一直追求這些目標，
就沒有鬆懈下來的藉口。

# 生活實踐

紀律始於早起，
這點無庸置疑。
但這只是開始而已，
你絕對要將紀律實踐在生活其他層面：
每天固定健身，鍛鍊體魄、提升速度、加強柔軟度與增進健康。
三餐要有健康的飲食，提供身體均衡的營養；
管理好自己的情緒，才能做出明智的決策；
運用紀律控制自我，避免自我膨脹到昏頭；
希望別人如何待你，你就要那樣對待別人；
懂得做自己不喜歡的事，因為認清自己會受益。

紀律就是要面對恐懼、克服恐懼，
紀律代表走困難的路、辛苦爬坡，
為了自己，也為了別人，堅持做對的事。

輕鬆的道路往往會誘惑著我們，
一時意志薄弱，
一時失去自制，
抓住眼前的欲望和短期的滿足。

紀律不會容許此事發生。
紀律需要力量、堅毅和意志，不會接受軟弱，也不會容忍意志潰散。
紀律看起來像是你不共戴天的敵人，
實際上卻是你最好的朋友、會真正照顧你的需求。

紀律會讓你朝向力量、健康、智慧與幸福前進。
最重要的是，紀律會帶你奔向**自由**。

# 心存疑問

知識是很強大的能力，
可以駕馭你所有的工具。
知識也是所有發明的源頭；
沒有知識，就無法發明實用的工具。
我們可以進一步比喻：
知識是終極的**武器**，贏過所有其他武器。
思想（或**心智**）是贏的關鍵，知識更是關鍵中的關鍵。
你藉由問問題來獲得知識。
那要問什麼呢？
答案很簡單：**什麼都問**。不要輕易把任何事當成真理。

## 時時心存疑問。

你看不懂某個單字，就要拿字典查。
你不理解某項觀念，就要設法釐清。
你不懂東西的原理，就要研究到底。

想到什麼問題就提問，
這才是學習的方式。

第一部分：**思考**

最重要的是，你要每天捫心自問：

我是誰？我至今有什麼收穫？帶來了什麼貢獻？進步了多少？幫助了哪些人？

我今天做了哪些事來充實自己，讓自己更上進、更靈敏、更強壯、更健康和更聰明呢？

我對**現狀**很滿意嗎？**這是我想要的嗎**？我的能耐就只有**這樣**嗎？**這輩子**是不是沒別的選擇了？**我可以接受**嗎？

問自己上面這些困難的問題，然後真心誠意地逐一回答。
同時，你也要明白所有人——**毫無例外**——都有進步的空間。
我們絕對有進步的能力。

當你問起上面那些問題，也就踏出了第一步。
所以，勇敢問自己這些不好回答的問題，
再從你的答案中，找到引領你前往追求進步、實踐紀律和**邁向自由**的道路。

# 主動出擊

死也要拚命就對了，我要告訴你的是：
如果你全力以赴，往往都不會失敗，而會是最後的贏家。
但是你必須將同樣的態度，充分融入日常生活中。

**多做一組重訓、**
**多跑一英里路、**
**多做一點工作，**
**做正確的選擇。**

發揮最大的潛力。

你也要鍛鍊身心素質，
起身奮戰。

對抗軟弱、打擊恐懼、抵抗時間和防止衰敗。
**大膽主擊，**
死也要拚命，
每天都要自己全力以赴。

你在面對挑戰的當下，即使獲勝機率渺茫，或你很清楚大勢已去，務必牢記這個叮嚀：你又不會少一塊肉。

所以，
## 立刻站起來前進吧。

光榮地披掛上陣，用上一切資源、用盡所有力氣、流光每滴血汗，直到嚥下最後一口氣。

屆時──唯有到那個時候──你才可以收手、放下所有武器，好好休息。

# 妥協

我們只要跟別人合作，而且遇到容易變動的局勢、關係與條件，就需
要妥協。

在不同團隊之間找到共識，
結合相同問題的不同解法，
對你處不來的人釋出善意，
衡量各行動方案達成協議，
凡此種種都需要妥協。
在許多情況中，妥協失敗就無法成功。
不過，這些都屬於外在的妥協，涉及其他人的個性、價值觀和問題，
這就需要妥協來整合。
所以我**不得不去合作**……
我*沒有不妥協*的餘地……

然而，回到自己身上就不同了，
對於自己，我必須有所堅持。

我內心有**絕對不容**妥協的原則：
我要認真工作。
我要努力鍛鍊。
我要精益求精。
我不要滿足於外在的榮譽。
我要承擔自己的錯誤、勇於面對錯誤。
我要面對自己的心魔。
我不要放棄、不要停止、不要屈服，
我要堅守立場。

我要保持自律。

這些原則說什麼我都不會妥協。
**現在不會妥協，以後更不會妥協！**

# 保有衝勁

做事積極和保有衝勁很類似，
兩個都是優點。
人生在世，當然要有積極的態度，
你寧願握有事情決定權，也不會想被動回應。
沒錯，這就代表要儘量創造、控制局勢。

所謂保有衝勁，意味著隨時準備好發動攻擊。

我一直都強調，這不是要你出去挺著胸膛，準備跟周圍的人打架。
這也不是指你缺乏通盤的戰術，就要到處製造對立，身體或心理都一樣。
這也不是指沒想清楚或理由，就逕自跟人發生衝突。
這也不是要你進行消耗戰，這絕對不是明智之舉。

50

所謂保有衝勁，指的是你要確實追求目標。

你要快速行動，

你要快速動腦，比敵人思考得更遠、策劃得更周詳。

如果敵人要發動攻擊，我會先發制人。

如果敵人要佔領一塊地，我會捷足先登。

如果敵人要包圍我——太慢了，我已經先包圍他們了。

我認為衝勁不是外顯的態度，而是內在的特質。

你的心裡有一把烈火燒著，告訴自己：

我要贏。

我要上戰場打仗，我要用手邊所有武器擊潰敵人，

可能是武力或詭計；

可能是正面攻擊或包夾戰術；

可能是大剌剌展現實力，也可能是巧妙的政治謀略。

這就是衝勁對我的意義：大無畏的奮戰精神、進取心，以及用盡一切工具、財產、手段和策略都要取勝的熱烈渴望。

## 衝勁就是想贏的意志。

如果你能時刻保有源源不絕的**內在衝勁，你就會成為贏家**。

# 先天與後天

先天與後天，哪個比較重要？
在我看來，兩個都不重要。

我見過太多社會上各個階層的人。
在軍中，任何牛鬼蛇神我都遇上了：
有家境富裕、常春藤名校畢業的天之驕子，
有混過黑道的孩子，
有風流成性的孩子，
有私校畢業的孩子，
有藍領出身的孩子，
有家教嚴格的孩子，
有從小失親的孩子，
有嬌生慣養的孩子，
有受到虐待的孩子，
還有其他**各式各樣**的背景，
例子**不勝枚舉**。

這些孩子全都有好有壞，有的成功有的失敗。

我在跟不同企業合作的過程中，也見到一模一樣的現象，各行各業的人都有，
身分有高有低——但是不論是什麼樣的出身，我都看過成功的案例。

所以對我來說，先天後天根本不是重點，重點在於做了什麼選擇。

成功的人決定自己要踏上成功的道路，他們做出了這個選擇。

當然，他們也做了其他選擇，像是決定用功讀書、認真工作、當最早上班卻最晚回家的人。

他們選擇接下艱難的工作與挑戰，也選擇在別人觀望時跳出來領導。

他們選擇跟哪些朋友來往，也選擇自己的榜樣。

他們選擇自己成為什麼樣的人，不受先天或後天的限制，反而加以克服。

我還要告訴你：做出正確的選擇，永遠不嫌晚。

決定朝哪個方向努力、發揮自己處境的最大價值，永遠沒有年齡的限制。

所以，不要想你過去的遭遇或環境，要想你未來的目標，並且做出選擇。

選擇讓自己變得更聰明、更強壯、更健康。

選擇鍛練身體、用功讀書以及均衡飲食。

去除內心的雜念。

別讓先天或後天決定你是誰。

你要選擇**造就自己的未來**。

# 害怕失敗

害怕失敗會讓你不敢冒險，
也可能讓你癱在原地，採取不了行動。
這看起來不是件好事。
但是，我並不希望你克服這種恐懼。

我倒希望你會**害怕失敗**。

**害怕失敗其實是件好事。**
害怕失敗會讓你挑燈夜戰，
計劃、排練、檢視可能的突發狀況；
害怕失敗會激勵你認真鍛練；
害怕失敗會讓你不投機取巧；

害怕失敗會讓你忙碌不已、持續思考、盡力而為，以及加強作戰的
準備。
所以，我寧願你害怕失敗。
我就很害怕失敗。

但更重要的是──
我希望你一想到坐著不動，
就會感到恐慌，甚至畏懼。

我希望你深感害怕的是，
自己在六天後、六週後、六年後或**六十年後**某天醒來，
發覺依然離目標很遠……
**一點都沒有向前邁進。**

這才是真正的恐怖、真正的夢魘，
這才是你真正要害怕的事：停滯不前。

所以，

## 立刻起身，然後前進。
大膽冒險，賭上一把，跨出第一步。
採取行動就對了。
不要讓今天又悄悄溜走。

# 戰之道

戰之道，字面上是通往戰爭的道路。
「戰之道」真正的定義，是指一步步往戰場前進。

這就是我正在做的事，應該說是一直在做的事。
包括對抗國家敵人的真正戰爭，
或是對抗自我軟弱的內心戰爭——也是我正在做的事。

時時準備，
磨刀霍霍，
精進技能。

每日都要維持嚴格的紀律，任何事都一樣。
戰之道是條道路、是條途徑，引領你走向某處。
那終點是哪裡呢？
當然，這條路可能會導向戰爭。
沒關係，因為我準備好了，隨時在備戰狀態。
但戰爭也可能不會發生，這也沒關係。

因為戰之道也可以是對抗軟弱的戰爭，
**引領你取得力量。**
它可以是對抗無知的戰爭，
**引領你獲得知識。**
它可以是對抗困惑的戰爭，
**引領你步向理解。**

戰之道引領你主導自己的人生。

這正是戰之道的意義，滿布著試煉與逆境、血淚與汗水、痛苦與折磨。

戰之道是永無止盡的紀律之道，所以才會引領你奔向**自由**。

一旦獲得自由之後，就會帶來內心的平靜。

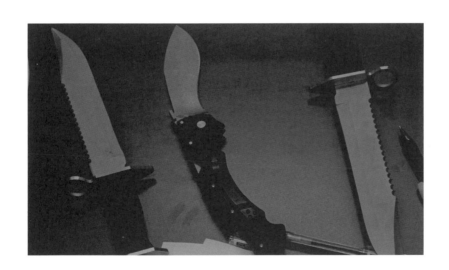

# 美好的謊言

好啦，我當然知道啦，
我知道眼前的甜甜圈讓人動心，
上頭灑著五彩繽紛的糖屑，
以及滿滿的奶油夾心。

還有那層糖霜！
光澤誘人的糖霜！

除此之外，我不必花半毛錢──有人買來擺在桌上，又正好在
我眼前。
這想必是上天的旨意，是某種奇蹟，對吧？
我是說，美食就是美食，加上是免費的話，我一定**非吃不可**。
拒絕美食就太暴殄天物了。
這麼想沒錯吧？對吧？

第一部分：**思考**

鬼話連篇，**大錯特錯。**

甜甜圈才不是食物，**根本就是毒藥。**

巧克力脆片餅乾、荷蘭巧克力雙層蛋糕、汽水、洋芋片、熱狗堡等等也都是毒藥。
這些垃圾不叫作食物，無法提供你任何營養，只會毒死你、害你短命。

這些東西不會讓你變得更強壯、更敏捷、更健康或更好，效果還恰恰相反。
而且你也心知肚明，**曉得自己不需要這些垃圾。**

「但我別無選擇啊。」
**大錯特錯。**
除非你長時間沒有進食，否則你根本不需要吃東西，就算要也不必吃這些毒藥。
**你真的不需要。**
你甚至沒體驗過真正飢餓的感覺。
人類就算一個月不吃東西也活得下去。
你絕對可以辦得到。
所以，這些所謂的食物引誘你、呼喚你的名字、用**美好的謊言**吸引你時，
你應該要覺得生氣、準備反擊，堅守自己的陣地，勇敢拒絕誘惑。

為了你的健康、心理韌性，為了貫徹你的意志，你一定要守住防線。
我保證，如果你真正有意抵抗，意志力絕對能戰勝甜甜圈。
**務必守住防線。**

# 有害的直覺

有種直覺需要特別提防，一旦出現就要加以抵抗。
這種直覺專門說謊、搞破壞、背後捅你一刀，
還像魔鬼一樣千變萬化，佯裝自己的外表，
讓你以為它是為你著想，實則不然。

這種直覺就是：你這樣可以了。

你已經盡力了，
你可以放鬆了，
你可以收手了，
你可以結束了。
這種直覺在說：你可以休息了。

不要聽它的話。

## 絕對不要。

因為這種直覺說謊成性，
一心一意要扯你後腿。

想想看，這種直覺其實是自我防衛機制，
提供了一個出口——用來逃避、博取同情與寬恕。
在此，什麼都會得到原諒，
各種失敗聚在一起討拍取暖，藉著謊言與欺瞞來澆愁，

相互安慰，還在你耳邊説：「你盡力了……」、「本來就機會渺茫……」、「失敗不是你的錯……」

還會跟你説停下腳步沒關係，屈服於現狀沒關係，甚至放棄也沒關係。

這正是你要對抗、反擊、痛扁的直覺。

**不要挑軟柿子吃**，不要因為直覺而放棄。

如果你被迫收手——只能暫時撤退，好重整旗鼓、再度反擊——那就認了。

但是，這個決定要基於理性與邏輯，而不是投降和失敗的直覺。

消滅這種直覺，再改用這句話取代：

# 站起來，向前衝，繼續戰鬥！

只要碰到逆境，就採取這個反應——把它變成你的直覺—— 這樣一來，無論你遇到什麼障礙，絕對都能一一克服。

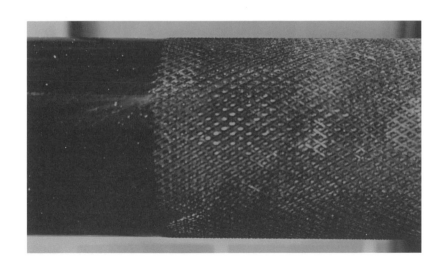

# 不來勁的日子

某些日子，我就是覺得不來勁，那要怎麼辦呢？
可能是疲憊、忙壞了或受夠乏味的工作…
我有什麼方法應對呢？

照樣按表操課，做完該做的事。

即使我只是敷衍了事，至少還有做個樣子。

**不大想**健身怎麼辦？健身就對了。
**不大想**處理企畫怎麼辦？處理就對了。
**不大想**起床怎麼辦？**起床就對了**。
當然，這些徵兆可能代表你需要休息，也說不定真的應該如此。
但先不要休息，等到隔天再說。
就算腦海出現勸退你的聲音，也別屈服於當下的滿足，
**忽略聲音，不要去聽。**

至少做個樣子：照樣舉重、照樣上山跑步、照樣擬定企畫、
**照樣起床。**

我不喜歡拖拖拉拉，但如果你覺得需要喘口氣，這件事本身才應該拖延。
休息也是我唯一會拖到隔天的事。
如果到了隔天，你仍然覺得需要喘口氣或休息，那就順著自己的意思吧。

可能到了隔天，你就不需要休息了，
可能到了隔天，你會發現休息的渴望只是種軟弱──想挑輕鬆的下坡走。
當你至少做個樣子，就克服了這種軟弱，同時走在紀律的道路上，也就是走在戰之道上。

你也很清楚，這才是屬於自己的正道。

# 懊悔

懊悔，指的是希望能重來一遍的事、希望能早點學到的東西。

但然，世界上有一大堆事我希望早點學到，數不清的知識、資訊與進步的方法。

我們卻容易犯下一大堆錯誤。

這些錯誤也造就了我們。

值得學習的課題往往就在我們眼前，

但我們不是錯過了，就是沒有多加留意，或是認為自己更懂，

直到最後吃虧才恍然大悟。

最重要的學習課題就是：

**我們實在有太多要學**了。

沒有人例外。我們可以從學校、朋友、經驗與生活中學習。

但資訊必須經過消化、吸收、接納，

你必須打開心胸——**讓心自由**——才能學到東西並且真正進步。

那我有沒有做過後悔的事呢？當然有。

只要是人，都會有後見之明。回頭來看，誰不想再有機會嘗試某事，希望這次能做得更好呢？如果能一再重來，何樂不為？誰不想事事都做到完美呢？

但事實就是，機會不能重來，你只有一次機會。

我們面對眼前這場表演，更是只有一次機會，這場表演就叫作「人生」。

我們的人生都只有一次。

而提到懊悔這件事，最重要就是看清，懊悔本身幾無價值，對你沒任何好處。

實際上，懊悔唯一的價值，就是你學到的教訓、汲取的知識。

但成天懊悔過去的事，不會帶給你任何收穫。

所以，學到教訓後就向前邁進吧。

不要因為懊悔灰心喪志，不要成為懊悔的奴隸。

**絕對不要**。

把懊悔當成你的老師，幫助你成為更好的人。

把對懊悔的恐懼轉化成動力，今天就採取行動──乾脆現在就行動。

努力不要變成滿懷懊悔的人，而是成為充滿知性、力量與生命力的人。

# 專注力

在戰鬥中，因為當下就在打仗，保持專注力輕而易舉。
你不得不全神貫注。
但在日常生活中，有時會忘了長期目標；目標變得模糊，也漸漸不上心。
**這是不對的。**
我希望長期目標能烙印在腦海中，永遠都不會忘記。
**絕對不會忘記。**

那些你手邊的小型任務、計畫和短期目標，都要幫助你贏得長期的戰爭。

但我們常常想**馬上**取得成果，想要抄捷徑成為贏家。
我們需要得到當下的滿足。
當我們短期內得不到光環，有時就會忘記了長期目標。
它們慢慢從視野中**消逝**，我們也失去了專注力。
所以，我們每天不再為了達到長期目標而按表操課。
一天天過去，然後是一週，再來是一年，
然後，可能過了六週、六個月或六年，你才驚覺……
自己完全在原地打轉，**一點都沒有進步。**

根本連動都沒動，甚至可能離目標更遠、可能走了回頭路。

為什麼？為什麼要容許這種事發生？

因為你忽略了長期目標，它就慢慢從記憶中消逝，原本的熱情也冷卻了，然後你開始合理化此事：也許我就沒能力，也許我其實不太想，也許這個目標不適合我。

於是你就放棄了，任由自己淡忘目標，然後得過且過。

你滿足於現狀，挑輕鬆的路走，心想「那就算了」。

## 絕對不行。

別這麼懶散。你要把長期目標嵌在腦子裡、烙印在靈魂上頭。

去想、去寫、去聊，裱框掛在牆上。

但最重要的是：每天都跨出一小步。

每天讓自己更接近目標一點，這樣才能時時記得目標，不會失焦。

無論那一步有多小或多微不足道，只要前進就對了。

你要用行動來實踐，因為目標不會自己實現。

一切，操之在你。

# 猶豫

**「大事從起心動念到付諸行動的這段時間內，宛如一場幻覺、一場噩夢。」**

這是莎士比亞戲劇《凱薩大帝》（Julius Caesar）中，布魯托斯（Brutus）所說的話。他在劇中要密謀刺殺自己效忠的凱薩。

洞悉人性的大師莎士比亞，精準傳達了角色的心態。以下是這句話的解析：

**「大事從起心動念……」**
從你靜待時機去做不想做的事……
**「到付諸行動……」**
到你真正展開行動的時刻……
**「這段時間內……」**
在你等待行動的期間……
**「宛如一場幻覺、一場噩夢。」**
就好像某個邪靈、鬼魂，儼然是場噩夢。

真正的戰鬥與掙扎──也就是猶豫──便在這段時間發生。
我們踏入未知的時刻，充滿了恐慌和懼怕。
這分恐懼是猶豫的根源，猶豫就會造成失敗。

## 猶豫就是敵人。

猶豫讓人錯失良機，讓敵人佔了上風。
猶豫會變成懦弱，阻止我們大步向前、主動追求、做該做的事。
猶豫會摧毀信心，因此我們得戰勝猶豫。

為了勝利，你必須克服等候的時刻、猶豫的時刻。
而不二法門就是：馬上前進，採取行動，立刻下床，腳踏實地向前走。
別再猶豫，別再等候。
直直往目標前進，拿下屬於你的勝利。

一切，操之在你。

## 吸引敵火

有時，好人也會發生壞事。

我也不知道為什麼，人生本來就不公平。

這就是現實。

疾病與意外不可能刻意不找上「好人」。

沒有原因，沒有理由，更沒有慈悲。

即使是你認識的大善人，都可能慘遭不幸。

你也無能為力。

所以，**你該怎麼辦呢？**

你要生氣嗎？要感到挫敗嗎？

還是要大發脾氣？又要對誰發脾氣呢？

還是要開始累積負能量呢？

你要讓壞事左右你的感受與處理方式嗎？

**你要因此跟蹌、跌倒或崩潰嗎？**

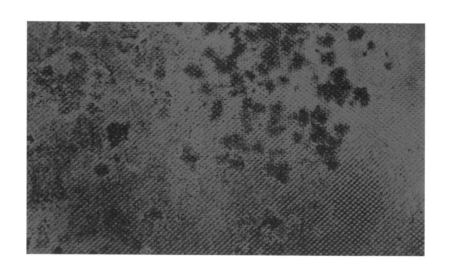

第一部分：**思考**

還是你要起身領導？鼓起勇氣與決定來面對呢？

我說：起身領導吧。

## 領導就對了。

勇於任事，成為別人景仰的對象。

消化掉衝擊和負能量。

吸引敵火，你沒看錯，就是吸引敵火。

在軍中，這是指排中一位士兵，基於戰略理由，自願拋頭露面，吸引敵方的砲火，可能是給其他隊友移動的機會，可能是要聲東擊西，可能是要幫隊友定位敵軍。

無論如何，這就是我說的：吸引敵火。

有種就針對我攻擊吧——我可以承受他人承受不了的痛苦。

如果有壞事發生，我就會帶來好事，抬頭挺胸，成為值得信賴的人。

我會支援身旁的人，用正面態度影響大家，我們會一起戰鬥下去。

我們會取得勝利，就算贏不了小戰役或大戰爭，我們都會取得勝利，因為我們的精神絕對不會投降。

這就是終極的勝利：抬頭挺胸，就算即將要失敗，也要奮戰到最後。

# 樂觀

我怎麼面對挫折、失敗、延誤、戰敗等等不幸呢？

其實，我處理這些狀況有個十分簡單的方法，只要用兩個字：「很好。」

這是我以前某個直屬部下所指出，他後來也成了我的莫逆之交。

他常常把我拉到一旁，報告某個重大的問題或發生了不妙的狀況。

他會說：「老大，我們遇到某某某狀況，事情真的大條了啦。」

我會看著他說：「很好。」

最後，某天他又在跟我報告某件事出了差錯，他交待了來龍去脈後立刻說：「我已經知道你要說什麼了。」

我問他：「我要說什麼？」

他說：「你會說：『很好』。」接著說：「你每次都給一樣的答案，不管什麼事情出包或發生意外，你都會看著我說：『很好』。」

我聽了就說：「喔，我是認真的啊。因為這就是我處世的態度。」

於是我跟他說明，每當壞事發生時，一定可以從中找到好事。

任務被取消了嗎？很好，我們可以專心處理另一項任務。

沒取得那個高速裝備嗎？很好，我們可以一切從簡。

沒有獲得升遷嗎？很好，這樣有更多時間進步了。

沒有得到股東資金嗎？很好，我們持股就會比較多。

沒有得到夢想中的工作嗎？很好，再出去闖闖，累積經驗、充實履歷。

受傷了嗎？很好，訓練需要休息一下。

筋疲力盡了嗎？很好，訓練時累垮總比在街上累垮好。

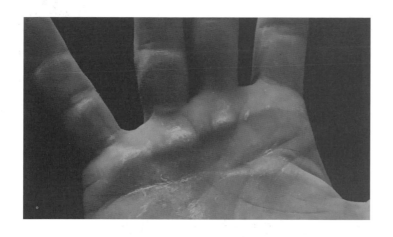

被打敗了嗎？很好，我們從中學習。
發生意料之外的問題嗎？很好，我們就有機會構思解決方案了。

就這麼簡單。當事情不順利時，不要垂頭喪氣，不要驚慌失措，不要深陷挫折。
不必這麼悲觀，只要看著問題說：很好。

我無意要說些老掉牙的話，也沒有要當個正能量滿滿的勵志大師，不去正視現實，以為正面態度能解決所有問題。
正面態度當然解決不了問題，但成天因為問題煩惱也不是辦法。
不如就接受現實，專心找解決方案。
承擔問題、承擔挫折，把它轉化為好事，然後繼續向前。
如果你是團隊的成員，這樣的態度就會感染其他人。
最後，如果你說得出「很好」，猜猜是什麼意思？代表你還活著、還在呼吸。
如果你還在呼吸，就代表內心還有鬥志。
所以站起來、拍拍灰塵，重整旗鼓、調整心態，再度發動攻擊吧！

# 死亡

但是，「很好」兩字適用於親友的死亡這種莫大的哀傷嗎？

一般人很容易認為，死亡本身沒有值得開心的事，

但我就會想起這輩子失去的親友：關於他們帶來的回憶、經驗、樂趣、獨特的性格，以及所有帶給我的收穫。不只是他們在世時如此，在他們死後也一樣。

他們的生與死都教會我許多東西，那是他們遺留下來的影響。

我這才明白，即使是死亡，也有值得高興的事。

首先，我很幸運有他們豐富我的人生，雖然時間太過短暫，但至少我收穫滿滿，像是每個珍貴的時刻、難忘的回憶，至少我還記得這些事、經歷過這些時刻，知道他們個性、態度和價值觀的美好。他們都是獨一無二的個體，我很感激自己曾有機會跟他們相處。

現在，他們都死了。

第一部分：**思考**

死亡確實可怕、悲涼又殘酷，而且死亡一點也不公平。

我也不懂為什麼好人往往不長命。

死亡實屬必然，人都難逃一死。

死亡是生命的一部分，就像光暗之間的對比。

沒有死亡，就沒有生命。

那些過世的親友教會我這個道理，也教會我生命的珍貴。

我們何其有幸，能夠每天**學習、成長、歡笑和活著**。

## 活著就是奇蹟了。

而且還能每天活得有目的、有熱情，

每天醒來充滿感謝，感謝早晨，感謝有機會能活在世界上。

為了逝去的人活著、為了那些沒機會的人活著、為了那些被死神無情帶走的人活著。

為了他們，我會好好活著。我不會辜負他們留下的回憶，我會好好活著。

所以，我們擦乾眼淚吧，別再哀悼了。

我們要記得他們，但不要深陷其中。

我們要用力地笑、用力去愛，去擁抱、去敬愛人生與伴隨而來的機會。

為了那些逝去的人，為了紀念他們，我們都要**好好活著**。

# 每一天

這不是什麼兼差性質的演出。
這也不是打卡上下班。
你沒有週末可以休假。

沒有。

在這裡，你沒有所謂的週末。
只有日復一日的演出，每天都是星期一。
你可能會覺得很煩。

我嘛，我愛每一天。
對我來說，每天都是開始，
都是全新的一天，
都是全新的一週，
都是全新的人生機會。

這個機會讓你像著魔般衝出牢籠，主動迎向每天的挑戰，
毫不手下留情。

今天，我要不擇手段，

76

我要施加壓力，
我要攻城掠地，
我要衝鋒陷陣。

當然，我會覺得疲憊，
也會遭到打擊，
也會被撂倒在地，感到渾身無力，
有些日子更是諸事不順。
但是，
我
　　　**絕對**
　　　　**不放棄**。

# 停損點

別再這樣下去了。
別再這樣下去了。

## 別再這樣下去了。

別再找藉口了。
別再說：「我明天再開始。」
別再說：「再一次就好。」
別再甘心於自身意志的缺陷。
別再找輕鬆的路走。
別再向腦中有害或無益的想法低頭。

停止。

別再這樣下去了。
別再等候最佳時機。
也別再優柔寡斷。
更別再自欺欺人。
別再軟弱下去了。

**停止。**
別再這樣下去了。
現在是重拾力量的時刻。

透過力量──
透過意志力──
透過堅定不移的紀律──

我會具備理想中的**身分**。
我會成為理想中的**大人**。
屆時──也唯有那時──我才會休息，對自己說：不必再辛苦了。

# 保持動力

別擔心自己沒有動力。

動力本來就捉摸不定，來得快也去得快。

動力並不可靠，當你依賴動力來達成目標，很可能會功敗垂成。

所以，

別期待每天都會有動力實踐，根本是痴人說夢。

別依賴動力了，

改指望紀律吧。

你知道自己要做什麼。

所以，

善用紀律，**逼自己去做就對了**。

每個人都想要有仙丹妙藥——某種人生捷徑——就可以不需要勞心勞力。

但世界上沒有這種東西。

沒有。

你必須勞心勞力。

你必須堅守陣線。

你必須**親自實踐**。

所以，
你就親自上陣吧。
找到紀律，
成為紀律，
**實現目標**，
就是這麼簡單。

**自律就是自由**

# 跟自己比

世界上有許多人的能力、力量和才華，我絕對沒辦法得到。

絕對沒辦法。

「你只要真心想要，就可以成為任何人」這類勵志的話並非事實，而是童話。

我們都有天生的限制。

我沒有成為奧運舉重選手的基因，也沒有成為奧運短跑選手或體操選手的基因。

當然，假如我投注畢生心力認真訓練，也許有機會在這些運動中表現出色。

但有可能成為世界第一嗎？不可能。

就這些運動項目來說，我缺乏成為世界第一的 DNA。

但是，這代表什麼呢？

難道代表我要放棄嗎？代表我要半途而廢嗎？

當然不是，一點都不是。

這意味著，我只要盡力而為就好，

在自己能力範圍內，達到強壯、敏捷和聰明的上限。

這就是我要追求的目標。

就算跟別人相較之下，我沒有比較厲害也不要緊。

我只會觀察那些學有專精的人，然後對自己說：

看看別人的成就。

我能夠多接近那樣的成就？

我能夠多靠近那樣的榮耀？

但我個人的榮耀，並非在一群人面前展現，

也不是在球場或舞台上展現，

更沒有獎牌可以領取。


這分榮耀只在昏暗的清晨出現，

只在**孤獨時**出現。


當我一而再、再而三的嘗試，

用盡一切力氣，盡量挑戰自己的極限，

今天比昨天更好，

超越別人對我的期待，

超越我對自己的期待，

變得更敏捷、更強壯、更聰明，

並且贏得一場屬於我的勝利，別人怎麼搶也搶不走。

這是每天我都能取得的勝利，

是決心、意志和紀律的勝利，

之所以能獲得勝利，

是因為我永不放棄。

# 保持警覺

大部分的人會向軟弱屈服，
不是在戰爭中，
不是在戰場上，
不是在慘烈的交火中。
我們通常是慢慢被瓦解，
被舒適所矇蔽，
只挑輕鬆的路。

大部分的人不是在特定的戰役中被打敗，
而是一個個看似微不足道的投降，逐漸弱化我們真正的自己，
進而累積為失敗。

你並非某天早上起床，突然決定說：我要當個弱者。
並非如此，而是緩慢的漸進過程，侵蝕我們的意志──削弱我
們的紀律。
我們可能只是晚一點睡，
或是連續偷懶一兩天沒健身。
我們開始吃不該吃的食物、喝不該喝的飲料。

不知不覺中──某天，你一覺醒來，就成了自己不想成為的人：
一點也不強壯，反而變得很軟弱；
完全沒有紀律，缺乏組織、沒有方向；
不但沒往前進，還向後退、自甘墮落。
這些事情的發生，我們都沒有看見，甚至沒有察覺。

所以，

你**必須**保持**警覺**，必須時時**留意**。
對於那些看似無謂的小事，你**必須堅守陣線**——
看似無謂的小事，往往至關重要。

# 恐懼

恐懼很正常，
每個人都感受過感懼。
你應該怎麼面對它呢？

跨出一步，
跨出一步，
努力踏出第一步。

積極邁向你的恐懼——這也是邁向勇敢。

我們都很懼怕未知的事物，唯有一個方法可以對抗恐懼：

跨出一步，**開始行動**。

這項簡單的行動、簡單的態度，足以回答許多問題。

怎麼樣才能每天都去健身房呢？
跨出一步，**開始行動**。

怎麼樣才能改變飲食呢？
跨出一步，**開始行動**。

怎麼樣才能克服對失敗的恐懼、對成功的恐懼，或對恐懼本身的恐懼呢？

跨出一步，**開始行動**。

怎麼樣才能面對未知的恐懼？

跨出一步，**開始行動**。

不要再等待了，
不要再考慮了，
不要再計劃了，
不要再研究了，
不要再找藉口或理由了，
也不要再合理化任何事了。

**絕。對。不。要。**

你要保持衝勁，採取行動。
**現在**就開始。
第一個行動是什麼？
第一個步驟是什麼？
第一個步驟很簡單：
跨出一步，
開始行動，**現在**就做。

# 黑 暗

太陽不會每天出來。
暴風雨早晚會來臨。
有時漫漫長夜，你感到孤單寂寞，
有時黑暗彷彿要吞噬一切。

但別讓黑暗**吞噬**了你。
別讓黑暗就這樣**得逞**。

即使是最黑暗的時刻，
即使是最猛烈的風暴，
即使太陽完全被遮蔽，
全世界即將分崩離析，

黑暗都無法消滅你的光芒，

你的存在。

**你的意志，你的決心**。

無論發生什麼事，無論是多困難的硬仗，
只要你持續奮鬥，你就是贏家。
只有投降才是戰敗，只有放棄才是結束。

沒有你的允許，黑暗不可能勝利。
不要讓黑暗得逞。
與之對抗，
不斷奮鬥，

對抗黑暗的人就是贏家。
**奮鬥下去吧**。

# 心力交瘁

沒錯，人生有時讓人難以承受。

人生就是這麼回事，時時都在考驗你，

動不動就拋給你一堆問題，甚至問題會同時發生、讓你應接不暇。

人生就是這麼回事，滿滿的莫非定律。

你在同時面對大量問題時，很容易就覺得心力交瘁。

但我要告訴你，這不代表就得放棄打拚，

反而恰恰相反。

這才是更加奮力出擊的時刻。


負隅頑抗，

走戰之道。


先評估問題為何，再決定先攻擊的目標。

然後就展開行動。


**進攻**。


聽好了，這件事可不簡單，根本就困難重重。


人生很辛苦。

這就是**人生**的本質。

你面臨的一切挑戰，都會盡其所能

千方百計

想扳倒你。

## 不要讓它們得逞。
站起身子，**頑強抵抗**。

逐一釐清挑戰，認真面對、加以對抗。
## 不要任由它們擊垮你。
把這些挑戰變成助力，藉此墊高你的能力。
把種種要求與試煉，當成變強的機會。
讓今天面臨的逆境，幫助你更上層樓。
未來，當你回顧這段拚命的苦日子，
你就會對這些關卡說：
謝謝你們，
讓我成為更好的人。

自律就是自由

# 閒言閒語

這是老掉牙的問題了。如果負能量的人在暗中說你壞話，設法把你給扳倒時，你該怎麼辦？你當然可以跟他們抗衡，陪他們玩這場遊戲，讓他們沾沾自喜，還以為你**很在意**。你可以像小學生一樣散播八卦。

當然，無奈的是，有時你別無選擇，非得跟這種人當面交手。你可能要澄清某個嚴重不實的指控，或可能得反駁不利團隊或任務的言論。當你真的得當面交手時，保持落落大方的風度，可以說：「聽說你對我的工作方式有意見，我很樂意聽聽你的看法，這樣也能幫我把事情做得更好。」

這類的反應很可能就會解除危機，對方也會曉得你有自己的消息來源。這樣也許就能滅火。但容我分享一下我偏好的處理方式，其實很簡單：

# 無視八卦，超越對手。

沒錯。當對方在那裡偷看我、說我壞話，我在認真工作，只求把事情做得更好。

當對方忙著散播八卦，**我在認真工作。**

當對方忙著說垃圾話，**我在認真工作。**

當對方忙著閒言閒語，**我在認真工作。**

對方專挑別人做事的毛病，我只**專注於把事做好。**

當對方終於發覺我們之間的差距，他就會明白自己無話可說了。

因為他只能認輸，我會成為最後的贏家。

這個方法也適合對付那些愛搞辦公室政治、搞小圈圈或心懷不軌的人。

當然，有時你被迫要玩那些遊戲。但對付這些人時，你的首要行動方案和基本處理原則要很清楚且直接：

更加認真工作、努力超越他們。

# 堅守陣線

不要退縮、不要墮落，要變得更強壯。

要持續進步。

要持續成長、學習、培養能力與好好過活。

活著就要勇敢對抗軟弱、對抗墮落。

當這些惡習悄悄出現，想用當下的滿足和立即的回報來誘惑你，

你要堅決抵抗，

拒絕他們入侵，

**一步也不退讓，**

**永不退讓。**

自律就是自由

# 新的開始

這是一切開始的地方，

在黑暗之中，

早在太陽、鳥兒和世界甦醒之前，

日復一日，

當鬧鐘響起，

## 時候就到了，

再怎麼疲倦、再怎麼痠痛，
起床就對了。

怒罵溫暖的床鋪，
喝斥舒服的枕頭，
抗拒軟弱的誘惑，

起床，做事。

不要拖拉、不要多想，
不要跟軟弱討價還價，那是沒用的。

你只得採取行動。

起床，

**做該做的事**。

# 交鋒

交鋒。

軟弱是很強大的拉力，

我必須比它**更為強大**。

我必須透過意志力，
逼迫軟弱聽我的話，

所以，我狂練身體。
我進行各種重訓，對抗地心引力。

我對抗著疲勞、痠痛和要我「屈服」的軟弱心魔。

我才不會屈服，
我會奮力對抗。

# 開懷大笑

當然，黑暗到處都是。
我也曾見過黑暗。
但我不活在黑暗當中，
**一點也不。**
事實恰好相反。
我並沒有四處流浪、飽受絕望之苦。

沒有。

我樂在其中。

## 盡情享受。

我放聲大笑，
也愛開玩笑，
我像小丑般到處拿人事物說笑，
尤其愛拿自己解嘲。

我是最容易遭到嘲笑的對象，
我也很擅長自嘲。

因為，人生固然辛苦，
但只要你笑得出來，就沒那麼辛苦了。

所以，

人生固然有許多痛苦，
應該說，
想藐視痛苦，
想藐視折磨，
想藐視挑戰，
就大聲嘲笑它們吧。

它們最承受不了這種嘲笑。
笑過了，一切也就輕鬆多了。
所以，大聲笑出來吧。

笑完，勝利就屬於你的。

**自律就是自由**

但是，不要光聽信我的話。

去做就對了。

從事一些運動，注意內心狀態，你就會發覺自己的觀察力、感官敏銳度與腦袋靈活度全部都變好了。

## 這才是真的收穫。

# 一體兩面的壓力

壓力有優點也有缺點，
我們想要進步，就需要壓力逼迫身心，才能變得更好。

身體對壓力的主要反應，就是分泌皮質醇這個荷爾蒙，進而導致各式各樣的影響，包括供應葡萄糖給大腦利用、分解醣類產生能量，以及專注於當前的威脅、忽略較不緊急的需求等等。壓力也會造成血壓上升，以促進全身的血液流動。

然而，壓力也有缺點。如果我們承受太大的壓力，動不動就釋放皮質醇到體內，就會開始帶來負面的影響，就好像一輛過度操勞的車子。皮質醇濃度居高不下時，免疫系統就會遭到抑制，讓血壓飆高、導致高血壓 —— 持續高血壓會對心血管造成傷害，也會增加脂肪堆積，甚至引發部分骨質流失。

運動是一種壓力，也確實會釋放皮質醇。然而，運動不但能調節肌肉與心臟，也可以調節身體對皮質醇分泌的反應、讓身體學會平衡皮質醇濃度。而過度分泌皮質醇，就可能是訓練過度的徵兆——當我們的身體被訓練逼得太緊，大量的皮質醇就會導致疲勞，造成表現不佳。

所以，你必須要小心謹慎，不要給身心太多壓力，卻又要**給予適當壓力，才會有所進步**。

# 時間

不做體能訓練的最大藉口，就是宣稱沒有時間。

動不動就有事要忙。

但一天當中，有段時間任誰都搶不走：黎明之前。

軍中有個用語叫作：「stand to（備戰）」。意思是起個大早，防範敵軍的攻擊。這早就是許多戰爭的守則。以第一次世界大戰為例，每名士兵在破曉之前就要完全清醒，踩在壕溝內的射擊踏板上，步槍上膛、裝好刺刀，準備擊退敵軍。

再把時光倒流一些，羅傑斯的遊騎兵守則也提到：「所有人員務必清醒，提防黎明前的行動。法國人與印地安人偏好趁此時攻擊。」

所以，
太陽升起前就起床，準備攻擊吧。
沒錯，
**這就代表要早起！**
起初你會覺得很難，但終究會成為常態。
一旦你習慣成自然，早起絕對會**讓日子愈來愈好**。
所以，**努力早起吧**。

# 入睡

沒錯,對某些人來說,早睡不比早起容易,搞不好更難。

所以,以下是幫助你早睡的幾個步驟:

1. **讓自己累一點**。沒錯,就是要讓自己累一點。如果你整天下來都沒動,當然不會覺得累。一大清早就賣力健身,不但能提供白天的活力,還能讓你在晚上更快入睡。早上健身一次、午餐或下班後再健身一次,也會讓你產生疲倦感。不過,睡前健身反而會讓你保持清醒,所以我都儘量不在睡前兩小時內健身。

2. 關電腦,關手機,停止瀏覽社群媒體。**別再看**YouTube影片。已有科學研究指出,電腦和手機螢幕發出的光,會讓大腦誤以為是日光、必須保持清醒。但此外,網路上充斥著許多製造聳動內容的專家,想方設法要引誘你點擊特定連結。沒錯,真的有騙點擊的連結,就好比釣魚使用的誘餌,目的就是要讓你上鉤。所以,不要傻傻地點進去,對你沒有半點好處。**完全沒有**。

3. 閱讀。如果睡覺時間快到了,你的大腦卻停不下來,那就拿本書到床上讀吧。閱讀有助放鬆,讓內心平靜又增長知識,所以多多益善。如果你挑了本**太精采**的書,讓你就算熬夜也要讀完,那很簡單:換一本無聊的書來讀,最好知識滿點但讀來乏味,這樣你很快就會睡著。

4. 最重要的一點：早睡的關鍵就是**早起**，**今晚**可能來不及了，但明晚就會見到成效。如果你需要睡滿七個小時，又想要在四點半起床，那就代表你得在九點半就寢。但是，逼自己九點半睡覺實在很難。假設你熬到十一點半，**仍然應該在**四點半起床。沒錯，這樣等於只睡了五個小時，你白天八成會昏昏欲睡——這樣其實很好，因為睡前最好能累一點。這樣一來，你的身體做好準備，也就可以九點半上床了。

5. 每天都早睡早起。常有人問我，是不是連週末都依然早起。**當然如此**。背後有許多原因。最明顯的就是，週末只有兩天，我想早起好好利用。我會一大早起床、完成當天健身計畫、儘快解決重要的待辦事項。這樣就有休息玩樂的時間，也可以放下心上的石頭。我喜歡週末早起的另一個原因，就是要建立一致的睡眠模式。假如我星期六睡到清晨五點半或六點，當天晚上可能就會晚睡兩個小時左右，那星期天就會賴床到早上七點，星期天晚上也因此會更加晚睡——到頭來，如果我想在星期一早上四點半起床，就無法獲得充足的睡眠。所以，不要打破原本的規律。每天都要早起。如果你需要多些睡眠，那就抽空強效補眠一下。

# 心理優勢

早起從事體能訓練，還伴隨著許多心理上的優勢。

首先，你在心理上就贏過對手了，知道自己比較努力，就會帶來一項優勢：產生戰場上能打敗對手的信心。

另一項早起健身的優勢，就是必須遵守紀律。部分科學家宣稱，紀律會隨時間自然消散，而意志力是有限的資源，平時使用得愈頻繁，就減少得愈多。

大錯特錯，絕對不會發生這種事。

事實正好相反，我認為——許多研究也顯示——紀律和意志力不會因為使用就下降，反而會更加堅定。

如果你自己實驗過，就會發現成效明顯：
上床睡覺前，先安排隔天一早的健身計畫，並且準備好一套運動服，所以起床後不用想要穿什麼。然後寫下隔天要完成的事項，調好清晨四點半的鬧鐘再去睡覺。

鬧鐘響起時，立刻起床，穿上運動服，盥洗完就去健身。用力流大汗後，沖澡穿衣，開始解決當天的待辦事項。

等到你要吃早餐時，看看發生什麼事。你不會想吃垃圾食物、不會想吃膩死人不償命的甜甜圈，反而會想吃些蛋和培根。午餐時間也是一樣。你會覺得自己狀態很好，充滿活力，不會想

吃披薩或薯條，增加無謂的熱量。你想要補充真正的能量、補充讓你雕塑身體的燃料，並且攝取乾淨的飲食，好讓自己保持心智的敏銳。一旦踏上紀律之道，你就會想持之以恆。

無奈的是，反之亦然。一旦偏離紀律之道，你就容易愈走愈遠。
當你不事先準備隔天要做的事、賴床不運動、該做的工作不做——因為前天晚上沒有寫下來——你就會做出錯誤的決策，意志力與紀律也會隨之消失。你會心想，乾脆吃甜甜圈當早餐算了；一旦真的吃了甜甜圈，你就會接著吃下四五片披薩當午餐。**一切都無所謂了**，你已經偏離原來的道路，只能用慘字形容，意志力沒有瓦解的問題，因為從來就沒有出現過。

因此，踏上紀律之道、努力向前行吧。

紀律生紀律。
**意志生意志。**

努力堅持下去，
勝利就是你的。

# 睡眠

睡眠是生存必備條件，人類都需要睡眠。

若未獲得充足的睡眠，會導致嚴重的副作用，像是荷爾蒙分泌失調、葡萄糖新陳代謝不佳、高血壓、免疫系統失靈等等。睡眠不足也會造成生長激素不足，進而導致肌肉量減少與骨質流失。就心智來説，由於專注力下滑，加上解決問題能力與基本推理能力變差，大腦也受到衝擊。長期下來，還會出現妄想症或幻覺等心理疾患。

但是要睡多久才算睡飽呢？每個人需要的睡眠時間不太一樣。新生兒一天可能會睡上十七個小時，學步兒一天也動輒睡上十二個小時；青少年通常需要八到十小時的睡眠；成人的標準睡眠時間是八小時，不過根據個別差異，實際上可能介於七到九個小時之間。少數人天生需要的睡眠時間偏少，我就是其中之一。

但這不只跟基因有關。

如果你的身體狀況良好、飲食乾淨、內心清明，也可以睡得較少而且更快入睡。

對我來說，我的狀況愈好、飲食愈乾淨，我就愈快入睡。

所以，儘管我天生不需要太多睡眠，我依然努力保持健康、飲食乾淨。

最後，我選擇不要賴床、不屈服於溫暖毯子和枕頭的誘惑。

我號召內心的意志力，硬是讓自己起床、迎接挑戰。

想也知道，我是鼓吹大家要早起的人，但是睡眠又是健康的要件，我們要怎麼兼顧睡飽與早起呢？

答案很簡單：

# 早點睡。

晚上十點上床，早上五點起床，足足可以睡七個小時。

九點五十五分上床，四點五十五分起床，也可以睡滿七個小時，又比對手更早起床。

試試看。如果你四點五十五分準時起床，大部分的人都還在睡夢中。

你卻已經醒來了，展開新的一天。

當你比對手更早起，世界就是屬於你的。

路上沒有車、健身房沒有人，沒有人會吵你、打電話給你，或傳來無關緊要的簡訊。

只有你自己。
所以，早睡早起吧。

常常大人問我早起的秘訣。
我都會說這很簡單：

**設定好鬧鐘，響了就起床。**

這樣就可以了。
容易嗎？不容易。
每個人都喜歡溫暖的床鋪。
每個人早上都需要多賴床五分鐘。
所以才會按下貪睡鍵，翻身睡回籠覺。

**絕對不行。**

早點起床開始做事，方法之一就是早睡，而早睡跟早起一樣難，說不定更難。

# 強效補眠

強效補眠是真的有效。如果你剛好覺得疲倦,這說不定會是你的救星。如果你的疲倦來自於睡眠不足,強效補眠就會非常有用。我的補眠方法結合兩項技巧。

第一項技巧是在高中學的。當時教解剖學和生理學的老師,上起課來活力十足又熱情洋溢。但是,如果你在午餐時間走進他的教堂,就會發現他坐在椅子上打盹,兩腳還翹在實驗室桌子上,每天中午都不例外。某天,我向他提起這件事,他說自己是要把腳抬得比心臟高,睡個十到十五分鐘再吃午餐。他說,中午小睡讓他恢復活力,抬腳則是減輕下半身循環系統的壓力,有助囤積在腿部和腳部的血液流動。於是,我也開始偶爾嘗試這項技巧,結果真的很有用。

但是,我是在接受海豹部隊的基礎水下爆破訓練(BUD/S,Basic Underwater Demolition/SEAL)時,才真正發現強效補眠的優點。想當然爾,訓練過程中幾乎每天都睡不飽,時程又安排得非常緊湊,整天都塞滿了各種訓練活動。不過,時程中偶爾會有些小空檔,通常是一天兩次,每次約十到十五分鐘的休息,可以準備下一場訓練,或是上個廁所。只要有機會,我都會利用這些零碎的時間,人躺在地板上、腳翹在床上,設定六到八分鐘的鬧鐘,然後立刻睡覺。因為我累得不得了,所以都轉眼就睡著。等到鬧鐘一響起,我就會立刻醒來,再度充滿精神。這種感覺超讚。

我正式加入海豹部隊後，也採用相同的方式補眠，發現這對長時間行軍特別有效。每當進入防守陣地休息，我又剛好不必站哨時，就會立刻翹腳補眠。此時的補眠成效更為顯著，畢竟我們已經全副武裝走了好幾個小時，

現在，每當我疲勞過度時，就會強效補眠一下，都能大幅恢復體力。

在此聲明：小心別讓六到八分鐘的補眠，拖長成兩個小時的昏睡，否則你晚上就會睡不著，導致隔天早上爬不起來。換句話説，你很可能會因此中斷早起的習慣。

# 健身

每個人都想知道：健身應該包括哪些項目？

首先，容我說一句：
最重要的事，莫過於

## 先起個頭，
## 什麼都好。

可以是走路、慢跑、體操、游泳、舉重、健行、伸展、波比跳、打籃球或柔術。有些人說不知道從何開始，但這通常只是藉口罷了。

運動不必非得是經過科學實證、多面向的繁複訓練方法，但是必定要有個開端才行。

一旦起了頭，就應該要加以記錄，像是舉的負重、次數、組數，了解自己進步的歷程。這些紀錄也可以當成目標，也可以藉此判斷是否訓練過度。但是，務必要注意自己在健身結束時的身體狀態。訓練經驗愈豐富，就愈懂得觀察身體。你會曉得何時要逼自己，也會曉得何時能放低標準。

我的健身項目分成以下幾大類：推、拉、舉、蹲。除此之外，訓練重點會擺在「腹部」，並且秉持「代謝體能訓練（MetCon）」的原則。

在這本實戰手冊中，我把訓練區分成初階、中階、高階三個等級。

不過，這些訓練只是一套方針。隨著你變得更加強壯、更有經驗、更熟悉自己的身體並且達到預期的成果，可以依需求調整內容。多讀多學、嘗試不同訓練系統，也可以挖掘新的練習、新的動作和新的運動，甚至加以混合、玩出新花樣。努力突破自我極限，但是過程要按部就班，避免造成體力耗竭、訓練過度和運動傷害。

想了解各等級的健身計畫，
請參閱附錄的「健身指南」。

再次強調，這些指南只是提供方針。你要認識自己的身體、突破自己。最重要的是：持之以恆。持之以恆的第一步，就是走進健身房。如果你覺得疲倦、痠痛或沒力，不要完全放棄，到健身房伸展一下、動起來，做些輕量運動，但是要保持規律的習慣。

許多人常常覺得偷懶一天沒什麼，結果一天變成兩天、兩天變成三天，然後就是整個星期都沒有認真運動。

所以，
**務必養成習慣。**
**務必維持紀律。**

# 打造自家健身房

如果你家裡有個健身房，就休想再瞎掰無法健身的藉口。自家與健身房合而為一，再方便也不過了。我家中剛好有個車庫，所以我一直都在車庫健身。但是，健身房不一定要在車庫，任何空間都可以，像是地下室、空房間、辦公室、前後院、陽台、戶外車棚等等。這就跟人生其他面向一樣，握有多少資源就做多少事。

一旦你騰出部分空間後，就要開始讓器材進駐了。首先，裝個單槓，哪裡都可以。只要有了單槓，你就可以進行全身的運動，包括各式各樣的引體向上、伏地挺身、腹肌訓練和深蹲運動。

另一項實用又相對便宜的器材是吊環，同樣裝在哪裡都可以，又能讓你進行許許多多的運動，包括吊環臂屈伸、吊環引體向上、吊環伏地挺身、L 型支撐等多元的支撐動作，還有數不清的變化方式。

再來要購入的器材是深蹲架，其中應該包括一組單槓與雙槓。另外，槓鈴與槓片也是必備。包膠槓片有助進行上膊、挺舉和抓舉等不同的舉重動作。

你只需要這些基本器材即可。

光靠它們，你應該就能大幅提升體適能。時間和預算允許的話，還有其他數不清的器材可以添購，譬如接著可以考慮壺鈴、划船機和 / 或風扇車；訓練臀腿部的羅馬椅（GHD，glute ham developer）是另一項值得擺在家中的器材；藥球、增強式訓練跳箱、手環、鐵鏈、棒鈴、鐵錘使用起來也很好玩。但是，儘管這些器材都好用，也可以增加訓練的變化，其實都不是真正必要。而雖然我的健身房裡不乏這些器材，固定會使用的還是單槓、雙槓、吊環、深蹲架、包膠槓片與槓鈴等基本款。

# 武術

每個人都應該練武，
練武跟吃飯一樣不可或缺。

但是正如不同的食物對身體的影響大不相同，不同的武術也有各自的效用。

武術可以分為摔拿、打擊與兵器三大類。

摔拿運用借力使力與不同的固鎖技，以掌控或壓制對手；打擊則是運用拳打、腳踢、膝蓋、手肘、頭部等身體部位來打擊對手；兵器武術顧名思義，則是利用各式各樣的兵器來對戰，包括棍棒、刀劍和當代戰鬥中的槍炮。

自我防衛最關鍵的一環，也許就在於個人的心理素質。常保聰明與警覺，你就可以避開容易陷入險境的情況。話雖如此，有時候你的心理素質和聰明才智也幫不上忙。這就是現實。在這些情況中，當然就只能靠槍枝來自我防衛。這是最公平的武器，也最能無視體型和力量優勢來消滅敵人。如果在高危險區域需要自保，槍枝是最好的武器。即使身處低危險的區域，也不見得絕對安全。世界上數一數二治安良好的知名社區，都發生過侵入民宅、開車遇劫、擄人勒贖等駭人聽聞的暴力行為，唯一的辦法就是防患未然。

當然，槍枝走火的意外非常危險，可能會造成持有人或無辜民眾重傷，所以必須遵守用槍安全的四大守則：

一、把所有槍枝都當作已經上膛。
二、千萬別把槍口指向非要殲滅的目標。
三、瞄準目標前手指絕對不可以碰扳機。
四、絕對要確定目標所在與後方人事物。

另外，槍枝務必要存放在安全的場所，以免落入不肖之徒手中。

最重要的是，持有槍枝其實沒有用，假如缺乏適當訓練，恐會對持有人帶來危險。如果要持有槍枝，務必要學習如何在壓力下快速又準確地射擊。這就代表要找一間合格的靶場與優秀的教練，然後報名射擊訓練課程。

訓練過程中，安全至關重要。只要妥善並認真地看待，射擊訓練其實很安全，不但有助你應對最糟情況的衝突，就算不需用槍自我防衛，依然能從中獲得好處。

射擊訓練可以改善手眼協調、速度、專注力與直覺的敏銳度。射擊訓練也需要重覆的動作來培養肌肉記憶，而在動態情況下射擊時，也需要良好的本體感覺。最後，射擊訓練要求的速度與準確度，也有助你面對高壓的情況，學會如何放鬆、抽離、調節呼吸、專注於眼前任務。

但是，槍枝有時難以取得。在世界上許多地方，法律都禁止攜帶槍枝。另外，槍枝有時也會故障。所以，務必要學會在缺乏武器的情況下自我防衛，這就又回到了武術的重要性。

首先，容我說明一下：對某些人來說，武術是很敏感的議題。他們儼然把自己的武術當成信仰，也因而變得盲目。武術並非一灘死水，而是會與時俱進。如果你不跟著改變，就會被淘汰出局。專挑某種武術跟其他種抗衡，或說某種武術「比較厲害」，很容易讓人走火入魔。我不想參與世界上哪種武術最強的爭論。紙上談兵再也沒有任何意義。

終極格鬥冠軍賽（UFC）早就檢驗了許多理論的真偽。伊拉克和阿富汗戰爭，同樣戳破了不少徒手戰鬥的理論。最後，現在每個人的手機都具備錄影功能，網路上有數以千計的街頭打鬥或對戰影片供人觀看。

時下的資訊流通快速，實在不需要再空談理論，哪些武術能應用於實戰，幾乎是一目了然。另外，武術也顯然不是一成不變，而是會不斷演化，習武之人會發展出新的技巧和招式來相互對抗。但是基礎的原則不變，只是更加鞏固罷了。

時下的資訊如此發達，許多理論都要接受檢驗，可能在鐵籠裡、街頭上或戰鬥中，所以已經沒有理論可言，只有單純講求實務的現實世界。

話雖如此，我還是要列出建議各位學習的武術，以及如何持續追求武術之道。

先從巴西柔術說起。這是非常高階的摔拿類武術，因為真正的打鬥多半在地面進行。這就是關鍵所在，因為自我防衛的首要招式就是逃跑。如果你面對另一個人或一大群人，當然是走為上策、避免衝突。如果對方打算揮拳或出腳，逃跑就相對容易；他們無法控制你，所以你只要逃跑就好，這樣就贏了。

當在自我防衛時被人抓住，問題就來了。現在對方瓦解了你的第一道防線，也就是逃跑。一旦你被人抓住了，即陷入摔拿的情境，而巴西柔術的一大環節，就是掙脫對方的控制，進而逃離現場。

通常來說，攻擊的那方為了避免你逃脫，會努力把你扭倒在地。此時，地面戰的能力不是要待在地上，而是要想辦法起身以逃離對手。柔術初學者的首要目標，不是要在地面展開纏鬥，而是要離開地面逃走。這是很重要的觀念釐清，因為有些人認為柔術自我防衛的目標，是要把對手困在地面。事實並非如此，真正的目標是要逃走才對。

但是多數人的經驗一再顯示，雙方打到最後往往會在地面纏鬥，所以必須為此做好準備。因為不想在地面打鬥而不接受柔術訓練，就好像因為不想下水而不學游泳。這根本說不通嘛。想要克服對水的恐懼，最安全的方法就是習慣下水；同理可證，萬一現實生活中，真正必須在地面一戰，就要事先習慣地面技巧。

我之所以先推薦巴西柔術，其實還有另一項原因：這堪稱是最複雜的武術。雖然基本動作和姿勢有限，但是從中延伸出的招式無限。加上柔術不斷演化，每天都有新的招式出現。由於柔術如此博大精深，它也是最耗費腦力的武術，提供心智大量的刺激，永遠挑戰我們學習、發展與進步的能力。柔術只會不斷更新，沒有淘汰的一天。

接著，我要推薦的武術是拳擊。拳擊用到的武器只有左右手，簡單歸簡單，卻是極為有效的打擊類武術。如果你懂得如何揮動雙拳來發揮最大效果，就可以取得難以想像的優勢。拳擊中其他的關鍵元素包括角度、移動（兩者都跟步法息息相關）與速度，這些元素在進攻與防守都會用到。只要有基礎拳擊知識，就可以有效揮拳、躲開攻擊——對於實現「逃跑」這項自我防衛的主要目標，兩者都是非常實用的技巧。拳擊教人如何快速出拳、躲開攻擊，並且逃離衝突現場。

另外兩項值得學習的武術是泰拳與摔角，兩者都能大幅增加個人的實戰選擇與技能。

泰拳提供了變化多端的攻擊技巧。相較於拳擊只能靠兩個拳頭，泰拳不但運用拳頭，還會結合手肘、膝蓋和脛骨的動作，在實戰中產生極大的破壞力。泰拳也特別能帶給對手疼痛，同時提升自我忍痛的能力。

無論是脛骨採取或抵擋踢擊、或身體與腿部吸收打擊的訓練過程，都是十分艱辛，需要鐵打的意志。即使對手箍住你的頭部、手臂，也就是所謂的纏抱，泰拳也能進行有效打擊。這般近距離的膝蓋和手肘攻擊，會造成很大的傷害。另外，還有些泰拳技巧著著於絆倒對手，威力十分強大。

摔角可能是最為人知又最多人學的摔拿類武術，也是可以同時鍛鍊身心的絕佳運動。摔角十分操體能，足以磨練出強韌的身心。除了狂操身體與心理素質，摔角也是武術中的站位之王──意思是優秀的摔角手能在對決時，決定自己要採取什麼站位。其他武術家都無法像摔角手一樣，能基於一項簡單道理來決定對戰位置：摔角的重點就是把對手摔到地上、無法起來。這就代表摔角不只提升把敵人壓制在地上的能力，還能學會怎麼避免被人撂倒在地。如果你摔角技巧高於對手，就可以決定對戰的位置。如果你的打擊技巧比對手強，可以防禦對手的摔技，那光靠站著就能取勝；如果對手的打擊技巧比你強，你就可以進行地面戰，以出色的擒拿技巧打贏。可惜的是，摔角並不允服使用降服技，因此沒有真正能結束打鬥的技巧。話雖如此，隨著摔角愈來愈受到歡迎，有些人專門練「抓式摔角」，持續傳授官方摔角界禁止的高階降服技。

一旦打下了巴西柔術、拳擊、摔角和泰拳的基礎，就可以去探索其他五花八門的武術了。柔道是一門絕佳的武術，涵蓋許多厲害的扭倒技巧，由於你可以抓取衣領，因此對於身穿外套或襯衫的對手格外有效。當把對手扭倒在地後，柔道跟巴西柔術的招式有許多共通之處。在沒有巴西柔術專門學校的地方，柔道就是最好的替代方案。俄羅斯的「桑搏（Sambo）」也是極為高超的摔拿類武術，主要著重腿部固定技。

值得研究的還有以色列格鬥術「克拉夫瑪迦（Krav Maga）」與俄羅斯武術「西斯特瑪（Systema）」，兩者都以自我防衛為主要訴求。另外，菲律賓的武術體系「艾斯奎瑪（Escrima）」與「卡里（Kali）」（又稱「阿尼斯（Arnis）」）則是著重棍棒與短刀的技巧。美國武術團體「狗兄弟（Dog Brothers）」就拓展了兵器格鬥的領域，從中獲得大量前所未有的實務知識。

類似的例子不勝枚舉。武術的訓練與精進是一輩子的功課。當然，平時做好準備，才不會在需要自我防衛時措手不及。但是練武的好處遠遠不只防衛而已。

除了身體練得更加結實，你的心智也會更加強韌，畢竟真正的武術並不容易，而是身心的試煉。如果你在練的武術很容易，大概不會對你有什麼好處。武術也會讓你逐漸習慣在艱苦的環境中咬牙奮鬥。無論追求的目標為何，這都是關鍵的能力。練武會讓你成為更好的人。

所以，開始學習武術吧。不要考慮了，不要等「體態變好」後再開始。只要起了頭，其他就會水到渠成。

# 挑選習武地點

在挑選優良的柔術道館時，首先要找離你近的地點。距離是很重要的因素。地理位置愈方便，訓練也就會愈頻繁。所以，找間離自家或公司附近的道館，或至少地點不會讓你內心掙扎要不要去訓練。

等你挑好幾家附近的道館，就可以實地走訪一趟。各家道館的氣氛可能差別很大。有些非常傳統，要求學員身穿制服、向老師和地墊鞠躬，還有許多嚴格的規定。有些道館則沒那麼傳統，學員不必鞠躬、穿著形形色色的制服，可以直呼老師的名字，不必以「師傅」、「先生」或「教練」代稱。這兩種道館我都待過，沒有特別偏好，兩者都出過世界冠軍。你最後可能會偏好特定的風格，但是剛到道館練武時，記得放下所有對於道館的成見。

另外，不要只是去看看而已，帶著裝備、參與其中，評估上課狀況，教學方式如何？老師和學員的態度如何？跟學員攀談，問問他們的目標為何，是否跟你的類似？有沒有自以為是的傢伙？有沒有人只想修理你一頓？

老師的素質如何？根據你居住的區域，柔術老師不一定會是黑帶。雖然黑帶的老師很優秀，有些地方就是缺乏這些師資。沒關係，棕帶或紫帶也有很優秀的老師。有些人會擔心老師是否為正統柔術出身，幸好現在網路發達，能解答大部分的疑惑。在網路上快速查詢一下，就可以進一步了解師資，像是他們在哪裡取得黑帶資格、贏過哪些比賽、練柔術的年資等等。你要自己先做些功課，甚至請教該領域專家的意見。一旦你相信了老師的資歷，就要評估他們的個性，像是是否平易近人？是否教得清楚有條理？是否樂在其中？

另外要談談柔術老師。記得，柔術不是宗教，柔術老師也不是神。所以，他們固然值得尊敬，卻也應該尊重其他人——即使是白帶的初學者也一樣。柔術不應該讓人有邪教的感覺。

說穿了，柔術應該是好玩、容易親近又具吸引力的武術。你應該抱持著鍛鍊身心的心態來練柔術。儘管過程絕對會讓人備感渺小、挫折與疲憊，你應該依然能好好享受，否則就代表你自尊心太強，或可能找錯道館了。

# 即時應變訓練：因應眼前威脅

日常訓練是因應威脅的不二法門。但是道館或靶場的訓練情境，畢竟還是不同於街頭的真正衝突。

你要如何做好準備？又應該如何反應？首先就是努力訓練，設想所有最糟的情況、可能出錯的事情，讓自己身處可怕的狀況中，想辦法找到出路。第二重要的觀念就是主動避開。沒錯，主動避開危險，遠離滿布威脅的區域。

然而，我們不可能永遠避得開高危險的區域，有時危險偏偏會找上門來。當今的世界隨時隨地都可能發生衝突和危險，所以必須隨時保持對於周遭狀況的警覺性，留意身旁的風吹草動與可疑人士，他們在做什麼？往哪個方向走？盯著什麼瞧？仔細評估。

評估的當下，也要思考應變方案。最近的逃跑路線在哪裡？最近的掩護和隱匿地點分別在哪裡？掩護地點是指躲子彈的地方，隱匿地點則是藏身的地方。

如果你保有對周遭狀況的警覺性，事情應該都會在意料之外。如果你感到不對勁或威脅逼近，立刻要離開當下的地點，可能是走到對街、催油門離開、走出大門，不要等事態惡化才行動。

如果真正發生意料之外的狀況，你又陷入了困境怎麼辦？**立刻行動**。

倘若你可以逃離攻擊你的人，就加快腳步。如果你被抓住而逃不了，就發動攻擊。動作要迅速又猛烈，發揮平時訓練的成果，一旦發現有機會掙脫，務必馬上逃走。

假使發生槍擊，馬上蹲低，再見機報警。如果是射速較慢的單發子彈，當下就要逃離現場。如果是連發子彈，就要找堅固的掩護躲起來，等待暫時平靜下來，拔腿就跑——這可能是你唯一的機會。

如果你受困在房間內，外頭有槍手走動，設法堵住門口。要是有理想的藏身之處，就快點躲起來，否則就要準備在槍手進門的瞬間攻擊。要同房間的其他人一起加入，準備好群起圍攻歹徒。

如果你剛好持有槍枝，要用來攻擊當下危及個人或他人生命的歹徒。

**無論在任何情況中，使用槍枝都要加倍謹慎：看準目標、審視情況**。同時，要知道自己可能無法區別好人和壞人，警方也可能把你視為歹徒，而有些警官可能身穿便衣。所以，如果你十分確信目標是誰、必須使用槍枝，動作就要快速又有效率，武器用完馬上收起來，表明自己屬於友方。

身體的燃料
# 建立飲食習慣

# 平衡

「恆定（homeostasis）」指的是達到平衡狀態的傾向。舉例來說，屋子裡的空調系統負責維持室溫的平衡，夏天太熱時會加強冷氣、冬天太冷時則加強暖氣，藉此達到恆定的狀態。

● 身體也會用不同的方式達到平衡狀態。體溫的運作類似室溫，不過是藉由顫抖來產熱、藉由流汗來散熱。

● 滲透調節（osmoregulation）則是指體內水含量的控制。為了維持平衡，身體會透過口渴來增加水分攝取、利用汗水和尿液排除多餘水分。

● 身體也會運用其他系統來維持酸鹼值、血壓、血液內鈉鉀濃度和鈣離子濃度的平衡。這些功用都至關重要，一旦體內系統失衡，恐怕會讓健康亮起紅燈。

身體還有一項平衡主要靠自己掌控，就是我們常提到的血糖濃度。我們的飲食習慣，會直接影響血糖濃度。我們吃進碳水化合物時，血糖濃度就會上升；吃的碳水化合物愈多，血糖濃度就愈高。我們的身體調節高血糖濃度的主要方式，是由胰臟分泌胰島素這項荷爾蒙，再釋放到血液中。如此一來，血糖就會被逼進脂肪細胞中，脂肪轉換成能量的過程就會減緩。換句話說，當身體不將脂肪用作能量，而是儲存於脂肪細胞中，你就會變胖。

身體如果需要利用脂肪產生能量，就代表已經耗盡了最主要的能量來源：血糖。血糖一旦不夠，身體便會開始分解脂肪。你可以透過運動、禁食或調整碳水化合物的攝取來消耗血糖。

血液中的胰島素濃度如果居高不下，除了會增加或維持體脂肪之外，還會帶來其他極為不良的影響，譬如可能導致胰島素阻抗，進而造成第二型糖尿病。胰島素濃度過高可能引發的長期健康危害還包括心臟病、糖尿病視網膜病變（失明）、中風、腎衰竭等等，實在可怕。

因此，解決的辦法看來很明顯了：戒掉碳水化合物，或至少盡量減少攝取。

為什麼做起來這麼難呢？答案很簡單，碳水化合物具成癮性。沒錯，糖分就像大腦裡的毒品，所引發的神經化學反應，恰好類似海洛因的效果。

# 嗜糖成癮

糖真的會讓人上癮，大腦受刺激的部位跟海洛因和古柯鹼相同，而且會愈吃愈多。

你自己也曉得這件事，所以才無法戒掉糖分。
就算你真的戒糖了，也會出現戒斷症狀，像頭痛、易怒、焦慮、謊言等等。

謊言終究會出現，而且你會說給自己聽，
自欺欺人的謊言包括：

沒什麼大不了啦。
吃一點點沒關係。
這種小事不必在意。
身體需要碳水化合物。

身體的燃料：**建立飲食習慣**

你會想辦法合理化，開始聽信內心的謊言。

## 千萬不要。

保持堅強。
戒糖戒得乾脆，
遠離這個癮頭，
別再吃糖就對了。

# 燃料

現代飲食習慣大約可追溯至一萬年前。
當時，人類學會如何種植作物、加以收割，也設法讓糧食容易消化與儲存。

這類作物就是指小麥、米和玉米等穀物。
但我們的身體尚未完全適應食用這些穀物。
每當我們吃下穀物，就會在胃部消化成糖，
導致胰島素濃度升高，進而危害我們的健康。

所以，最好還是吃人類演化後能適應的食物，也就是舊石器時代或原始人飲食法。
以下是該飲食法建議的飲食原則：

多吃：

- 牛肉（草飼牛為佳）
- 禽肉（放牧為佳）
- 魚肉
- 蛋
- 堅果
- 蔬菜
- 蕈類
- 根莖類
- 部分乳製品（全脂奶油、動物性鮮奶油、優格、起司）
- 少量水果

不吃：

- 穀物
- 馬鈴薯
- 精製鹽
- 精製糖
- 人造奶油
- 豆類

舊石器時代或原始人飲食法對巨量營養素的觀點，翻轉了原本的「美國標準飲食」原則，不主張以碳水化合物為主的低脂飲食，而是先以脂肪為優先，再來是蛋白質，最後才是少量碳水化合物。

有些人會採取 80/20 法則，意思是 80% 的時間遵守「純」原始人飲食，剩下 20% 的時間則吃得隨心所欲。問題在於，這個比例常慢慢降低，從 80/20 變成 60/40、40/60、20/80，然後努力付諸東流。

不要管 80/20 法則了，遵守 100% 法則就好——即使稍微降低為 99% 也沒關係。但 80/20 法則並不是法則，而是每況愈下的第一步。

我們知道糖會讓人上癮，你自己八成也對某個東西上癮。無論癮頭是酒精、海洛因或古柯鹼，患者都不應該有 20% 的時間來滿足癮頭。

你也是一樣，戒掉癮頭、堅持下去才是維持好習慣的良方。

一旦你花了足夠的時間完全戒掉糖癮，而且身心都適應了新的飲食習慣，你就可以偶爾放縱一下黑暗面。我有時也會喝杯薄荷巧克力碎片奶昔，或是其他美味但不營養的點心，不過我在犒賞自己之前，一定會認真從事劇烈的體能活動，

久而久之，你會發覺自己不愛吃甜食了，而攝取糖分後伴隨的興奮感、失落感和隔天缺乏活力等副作用，也會讓偶爾的放縱不再誘人，你也更有動力繼續戒糖。

我也會吃特定的點心，戒糖起來也比較容易，像是兩小塊純度 80% 以上的黑巧克力沾椰子油，外加一小杯的全脂奶油，裡頭加點中鏈脂肪酸油（MCT oil）、撒些牛奶巧克力粉。偶爾，我也會吃鮮奶油混合堅果。如果你正在嚴格執行特定的飲食法，這些犒賞自己的甜點包準帶給你莫大的滿足。

不過，有時在旅行、出差或社交場合中，難免沒辦法吃到該吃的食物，像是人在機場、出席公司派對或在餐廳開會等等。我的解決辦法很簡單：不要吃，禁食就對了。而且禁食其實對健康大有益處。

# 禁食

好消息：**你沒有非吃不可。**

禁食是很珍貴的一件事。每當你人在派對上、機場內或火車上，吃不到健康的食物，答案很簡單：不要吃就對了。

這就叫作禁食，對你有益無害。以下列舉生理上的益處：

- 提升細胞、基因和荷爾蒙的運作效能
- 促進體脂肪分解
- 降低胰島素阻抗和第二型糖尿病的風險
- 減少氧化壓力和發炎反應
- 促進細胞修復
- 增加腦源性神經生長因子
- 刺激腦內啡分泌
- 促進排毒

另外，我還發現了禁食在心理上的益處。首先，禁食需要運用意志力，這一點都不容易。

身體的燃料：**建立飲食習慣**

在這個時代，我們的生活周遭充斥著各種食物。
內心的原始人生存本能害怕挨餓，於是就抓狂大喊：

「快點吃掉吧！吃愈多愈好！以後可能沒機會了！」

千要不要上當。

這些絕對不可能是最後的食物。
實際上，你可能過十分鐘就會看到更多食物了。
你不需要吃。
不吃不會死。

真相正好相反。
在這個時代，許多食物吃下肚其實會害了你。

它們跟毒藥沒兩樣。
甜甜圈？毒藥。汽水？毒藥
洋芋片？毒藥。

## 你不需要這些零食。

禁食還有一項絕佳的優點：重新調節身體發出的飢餓訊號。我們常常才幾小時沒進食，就以為自己要餓死了。

可能下午一點十五分，我們就會嚷嚷：「我早餐過後就沒吃東西了。」這就等於在說：「我快餓死了！」

## 你才不會餓死。

人類就算三十天不進食，依然可以活下來。
不過才幾小時，你可以撐下去的。
即使是幾天不吃，你也不會餓死。
我自己就不時會禁食二十四個小時。
而大約每隔三個月，我會進行七十二小時的禁食。

說實在的，這根本沒什麼大不了。
我在禁食的期間，作息跟平時一模一樣，還是會工作、健身、練柔術。

我只有喝水、喝茶，可能再吃些帶殼葵花籽，有東西咀嚼才不無聊。但禁食真的沒那麼困難，你最後會感到神清氣爽。禁食會重新調節你對飢餓的認知，你會發覺大多數時候，自己其實並不餓，只是無聊罷了。另外，禁食結束後，食物嘗起來也會比較美味。

修復與保健

# 運動傷害的避免與復原

# 伸展運動

伸展運動是維持體格的重要一環，能擴大四肢動作範圍、幫助身體復原，還能避免運動傷害。時下有各式各樣的伸展方式，包括歷史悠久的瑜珈、當代俄國教練帕維爾·塔索林（Pavel Tsatsouline）開創的壺鈴訓練，以及凱利·史達雷（Kelly Starrett）創辦的健身教學網站「MobilityWOD」，多多探索這些資源，尋找最適合自己的伸展運動。在我看來，最實用的伸展運動是半跪姿髖屈肌伸展、泳姿伸展、哥薩克伸展、髖關節外旋伸展、逆向睡姿伸展、沙發伸展、下犬式和牛面式。

你也可以在暖身和健身過程中，確實讓肢體完整地活動，進而達到伸展的目的，其中又以暖身的緩慢重覆動作特別適合。舉例來說，你在進行慢深蹲的暖身時，不但動作要放慢，更要顧及深蹲完整的動作，也許可以比負重時蹲得更低一些。臂屈伸、仰臥起坐和引體向上等動作也是同樣的道理：暖身時動作放慢、確實做完全程，甚至在訓練的頭尾，稍微擴大平時的動作範圍。

伸展運動就如同其他體適能的原則，最需要的就是規律為之，所以先要釐清哪些動作最適合你。切勿貪多，伸展運動大概十到十五分鐘就能完成，但實屬必要，所以就納入你的健身計畫吧。

再來呢？持之以恆。

# 如何面對受傷與生病

你早晚會受傷，
也早晚會生病。

無論訓練再怎麼小心、飲食再怎麼乾淨、生活再怎麼健康，你也只是血肉之軀，運動傷害和疾病難免會找上門來。

我對於受傷和生病的指導原則很簡單：

## 量力而為。

就算你生病或受傷了，也不能因此不健身或整天躺在床上。

量力而為。

膝蓋受傷怎麼辦？鍛鍊上半身，以及沒受傷的那條腿。肩膀受傷怎麼辦？正好鍛鍊單臂引體向上和伏地挺身。在肩膀復原前，訓練重點擺在核心肌群和腿部。

抓握過度導致肌腱炎怎麼辦？那就著重短跑和跳躍等增強式訓練。

得了小感冒或流感嗎？原則一樣：**量力而為**。也許只是出去散散步、幾組仰臥起坐和伏地挺身，但是不要整天都躺在床上。

有時，病毒的威力太強，讓你全身無力。如果狀況這麼糟、身體真的需要休息，那就聽身體的話，**好好休息**。不要抱病去健身房，以免散播病菌。待在家中運動就好。

受傷時也是一樣。有些傷勢讓你無法從事喜歡的體能活動，沒關係，量力而為，做自己做得到的事，像是彈吉他、寫書、畫畫、作曲、寫部落格、創作、學習，反正找事做就對了。

利用身體受傷和生病的機會，做些平常沒時間做的事。換句話說，**往目標前進吧**。

附錄
# 健身指南

# 暖身運動

健身之前，你得先暖身。

我的暖身通常包括緩慢的輕量運動，從頭到尾確實完成動作。以下是簡單的暖身建議：

吊在單槓上十到十五秒。做好伏地挺身的姿勢，維持十到十五秒。髖部往下緊貼地面，伸展腹部肌群。髖部再向上抬起，伸展背部與大腿後側肌群。站起身子，慢慢向下深蹲，坐在腳踝上十到十五秒。先做一下波比跳，再做數下開合跳。

現在，重新回到單槓前，做一下引體向上。回到地面，做一下伏地挺身、一下緩慢的俯衝式伏地挺身。站起身子，做一下緩慢且完整的深蹲。接著做一下波比跳，加上五下開合跳。

現在，重複上面的循環，每個動作做兩次，加上五下開合跳。再來，每個動作做三次，搭配十下開合跳。持續增加次數，最後要每個動作做五次、開合跳二十五下。

這才叫扎實的暖身運動，真正**促進血液循環**。

修復與保健：**運動傷害的避免與復原**

假如你當天的健身著重特定動作，那就把低重量當作事前的暖身。舉例來說，如果要進行硬舉訓練，就先用低重量硬舉來暖身；如果打算做上膊和挺舉，就用 PVC 管或空槓來暖身；如果當天要練深蹲，就先進行緩慢深蹲，重量放低、姿勢到位，確實涵蓋完整的動作。這些不僅有助於暖身，也會鞏固肌肉對這些動作的記憶。暖身一結束、身體放鬆又全神貫注，就可以開始當天的健身了。

# 拉

**主要訓練：八組引體向上，每組達最大次數**
**腹部訓練：兩分鐘仰臥起坐**
**代謝體能訓練：跑四百公尺兩次**

**詳細說明：**進行八組引體向上時，盡量衝高每組次數，組間休息二到三分鐘。

如果你可以做懸吊式引體向上，也盡量衝高每組次數，最後在不掉槓的狀況下，外加三到五下擺盪式引體向上。如果懸吊式引體向上結束時，你的雙手已經離開單槓，就立刻跳起抓槓，補三到五下擺盪式引體向上，再休息二到三分鐘。

如果單槓連一下都拉不起來，就利用地面或合適的箱子跳起，抓住單槓將上身提起，讓下巴超過單槓高度，然後維持動作到力竭為止。這就是「離心收縮訓練」。

初階健身計畫——一

# 推

---

**主要訓練：八組伏地挺身，每組達最大次數**
**腹部訓練：兩分鐘抬腿，角度十到四十五度**
**代謝體能訓練：兩分鐘波比跳，達最大次數**

**詳細說明：** 進行八組伏地挺身時，盡量衝高每組次數，組間休息二到三分鐘。

調整雙手的距離，最少比肩寬短六寸，最多比肩寬長六寸。

如果伏地挺身連一下都做不了，就改採雙膝跪地的方式。如果連這樣都很困難，就試試雙手伏著牆壁，看看自己做得到多少。

# 舉

主要訓練：八次倒立支撐
腹部訓練：兩分鐘 V 型上舉
代謝體能訓練：快跑四百公尺兩次

**詳細說明：**維持倒立姿勢八次，每次不必撐到完全力竭，感到肌肉疲勞即可，並且計算倒立的秒數，組間休息二到三分鐘。

倒立時，利用牆壁保持平衡，但不要太過依賴。

如果完全沒辦法倒立，改採伏地挺身的姿勢，再將雙腳貼牆、慢慢往上踩，雙手同時往牆移動，盡量接近垂直的狀態，再把雙腳雙手移回原位。重覆這套動作八次。

# 蹲

---

**主要訓練：五十下前弓箭步**
**腹部訓練：一分鐘捲腹、一分鐘反向捲腹**
**代謝體能訓練：兩分鐘波比跳，達最大次數**

**詳細說明：**雙腿分別做五十下前弓箭步，左右交替進行，速度一致且穩定。每做一下，膝蓋應該掠過地面。計時供自己參考，但是重點不是快慢，而是保持速度一致、動作穩定。如果你感到肌肉疲勞，就休息二到三分鐘，再繼續做完五十下前弓箭步。

# 拉

**主要訓練：五組引體向上，固定次數**
**腹部訓練：兩分鐘仰臥起坐**
**代謝體能訓練：跑四百公尺兩次**

**詳細說明：**進行第一組引體向上時，做到個人最大次數。如果做不來懸吊式引體向上，就改採擺盪式引體向上，再不行則換成跳躍式或輔助式引體向上。後四組的引體向上能拉幾下算幾下，一旦沒力掉槓，便休息十到十五秒，隨後再跳躍上槓，補到第一組的最大次數。這就叫作「組內分段」，意思是由於無法一次完成所需次數，因此短暫休息後再補足。完成後，休息二到三分鐘，再繼續做完五組。

初階健身計畫──二

修復與保健：**運動傷害的避免與復原**

# 推

主要訓練：五組伏地挺身，固定次數
腹部訓練：兩分鐘抬腿，角度十到四十五度
代謝體能訓練：兩分鐘波比跳，達最大次數

**詳細說明：**這跟前面的拉力訓練類似，只是把引體向上換成伏地挺身。進行第一組時，做到個人最大次數。如果做不來標準的伏地挺身，就改採雙膝跪地的方式，再不然就雙手伏牆。後四組的伏地挺身能做幾下算幾下，做不下去就休息十到十五秒，隨後再繼續加油，補到第一組的最大次數，這也是「組內分段」。完成後，休息二到三分鐘，再繼續做完五組。

# 舉

---

**主要訓練：五次倒立臂屈伸**

**次要訓練：雙臂繞圈（側舉、前舉、過頭）**

**腹部訓練：兩分鐘 V 型上舉**

**代謝體能訓練：快跑八百公尺**

**詳細說明：**做好倒立姿勢，彎曲雙肘將身體往下降，動作愈慢愈好，利用牆壁維持平衡。頭部一觸碰到地面，就放下雙腳站起，休息二到三分鐘，重覆相同動作五次。完成後，雙臂側舉、前舉和過頭繞圈各一分鐘。

# 蹲

---

**主要訓練：深蹲跳、深蹲甩腿、弓箭步**
**腹部訓練：一分鐘捲腹、一分鐘反向捲腹**
**代謝體能訓練：跑一英里** （一英里約合 1.6 公里。）

**詳細說明：** 深蹲跳、深蹲甩腿、弓箭步等三組動作分別計時二十秒。休息兩分鐘後，重複相同動作三輪。雖然你要盡量達最大次數，但不要為此犧牲動作的完整度或標準度。

# 拉

初
階
健
身
計
畫
──
三

**主要訓練：金字塔式引體向上**
**腹部訓練：兩分鐘仰臥起坐**
**代謝體能訓練：四組百碼折返跑**（一碼約合一公尺。）

**詳細說明：**這套健身動作的前提，是單槓至少能拉五下。開始先上槓拉一下，稍作休息再拉兩下，稍作休息再拉三下，稍作休息再拉四下，依此類推，無法超越前一組的次數再停止。當你沒達到前一組的次數，下槓甩甩手，再上槓做完該組。現在，改從「金字塔」爬下來，每組拉槓次數逐一遞減。如果你做不完該組所需次數，就改採組內分段完成。

如果做得來懸吊式引體向上，就以懸吊式為主，否則就改採擺盪式引體向上，再不行則換成跳躍式引體向上。無論是哪種引體向上，都可以試著運用擺盪或跳躍，不間斷地完成該組動作。但有時不妨下槓，短暫休息後再行繼續。

至於折返跑，先在地面劃出起跑線、五碼線、十碼線、十五碼線和二十碼線。開始時，從起跑線跑到五碼線，再折返回起跑線，而十碼線、十五碼線和二十碼線則依此類推。記得計時。總共要完成四組折返跑，組間休息二到三分鐘。

# 推

**主要訓練：金字塔式伏地挺身**
**腹部訓練：兩分鐘 V 型上舉**
**代謝體能訓練：快跑一英里**

**詳細說明：**這套健身動作的前提，是伏地挺身至少能做六到十下，方法就像金字塔式引體向上，起初先做一下伏地挺身，稍作休息再做兩下，稍作休息再做三下，依此類推，逐漸增加每組次數，無法超越前一組的次數再停止。當你沒達到前一組的次數，短暫休息一下，再繼續做完該組。現在，改從「金字塔」爬下來，每組伏地挺身次數逐一遞減。如果你做不完該組所需次數，就改採組內分段完成。

如果伏地挺身連一下都做不了，就改採雙膝跪地的方式。如果連這樣都很困難，就雙手伏著牆壁、桌子或長椅等斜面來操作。

無論是哪種伏地挺身，都可以試著採取雙膝跪地，不間斷地完成該組動作，但有時不妨短暫休息後再行繼續。

# 舉

---

**主要訓練：四次倒立支撐**

**次要訓練：雙臂划行**

**第三訓練：雙臂繞圈（側舉、前舉、過頭）**

**腹部訓練：一分鐘棒式**

**代謝體能訓練：一下深蹲甩腿加五下開合跳，持續重覆兩分鐘，達波比跳最大次數。**

**詳細說明：** 做一次倒立支撐，直到肌肉出現疲勞即可，不必撐到力竭。完成後，做一分鐘雙臂划行，再來是雙臂繞圈，側舉、前舉與過頭的動作各一分鐘。完成後，休息二至三分鐘，重覆相同的循環三輪。

# 蹲

---

**主要訓練：十下深蹲與五下前弓箭步（共五組）**
**腹部訓練：一分鐘捲腹、一分鐘反向捲腹、一分鐘棒式**
**代謝體能訓練：跑四百公尺兩次**

**詳細說明：**做十下深蹲加五下前弓箭步，循環五組。組間可以休息，但盡量保持固定節奏，動作過程中避免休息。動作的標準度比速度更為重要。做弓箭步時，雙腿各輪流一次。

跑四百公尺，休息二到三分鐘後，再跑第二次。

# 初階健身計畫──四

## 拉

**主要訓練：五組一分鐘高速引體向上，組間休息兩分鐘**
**腹部訓練：兩分鐘仰臥起坐**
**代謝體能訓練：四組百碼折返跑**

**詳細說明：**這套健身動作目的，是要提升引體向上的肌力和耐力。每組計時一分鐘，組間休息兩分鐘。一分鐘期間，盡量衝高引體向上的次數，可能會有幾次組內分段，意思是掉槓休息，但盡量降低組內休息時間（五到七秒即可），再跳起拉槓，做完一分鐘。時間一到，就休息兩分鐘，然後再做一分鐘引體向上。重覆此循環，完成五組高速引體向上。

如果做得來懸吊式引體向上，就以懸吊式為主，否則就改採擺盪式引體向上，再不行則換成跳躍式引體向上。你也可以混合三種引體向上，衝高一分鐘內的總次數。

至於折返跑，先在地面劃出起跑線、五碼線、十碼線、十五碼線和二十碼線。開始時，從起跑線跑到五碼線，再折返回起跑線，而十碼線、十五碼線和二十碼線則依此類推。記得計時。總共要完成四組折返跑，組間休息二到三分鐘。

# 推

---

**主要訓練：五組一分鐘高速伏地挺身，組間休息兩分鐘**
**腹部訓練：一分鐘棒式**
**代謝體能訓練：兩分鐘波比跳**

**詳細說明：**這套健身動作類似高速引體向上，是要提升伏地挺身的肌力和耐力。每組計時一分鐘，組間休息兩分鐘。一分鐘期間，盡量衝高伏地挺身的次數；可能會有幾次組內分段，意思是不得不休息，但盡量降低組內休息時間（五到七秒即可），再繼續伏地挺身，做完一分鐘。時間一到，就休息兩分鐘，然後再做一分鐘伏地挺身。重覆此循環，完成五組高速伏地挺身。

同樣地，無論是哪種伏地挺身，如果你已經感到肌肉疲勞，也可以試著採取雙膝跪地，不間斷地完成該組動作。但有時不妨短暫休息後，再用腳尖觸地的標準姿勢完成該組動作。

# 舉

**主要訓練：五分鐘倒立支撐**
**次要訓練：雙臂划行**
**第三訓練：雙臂繞圈（側舉、前舉、過頭）**
**腹部訓練：兩分鐘 V 型上舉**
**代謝體能訓練：快跑四百公尺兩次**

**詳細說明：**維持倒立的姿勢五分鐘。如果你連一分鐘都無法維持，就改採初階健身計畫（一）、（二）或（三）裡關於「舉」的對應動作。

倒立時，利用牆壁保持平衡，努力維持姿勢，但不必等到完全力竭才休息。計算倒立支撐的秒數，直到加起來達到五分鐘為止。

完成後，做一分鐘的雙臂划行，再來是雙臂繞圈，側舉、前舉與過頭的動作各一分鐘。

# 蹲

---

**主要訓練：五十下前弓箭步、五十下深蹲**
**腹部訓練：一分鐘捲腹、一分鐘反向捲腹**
**代謝體能訓練：兩分鐘波比跳，達最大次數**

**詳細說明：**雙腿分別做五十下前弓箭步，左右交替進行，速度一致且穩定。每做一下，膝蓋應該掠過地面。計時供自己參考，但是重點不是快慢，而是保持速度一致、動作穩定。如果你感到肌肉疲勞，就休息二到三分鐘，再繼續做完五十下前弓箭步。完成後，再進行五十下徒手深蹲。

同樣地，重點不是速度，而是保持動作穩定，盡量擴大動作範圍。如果你需要休息一下，那也沒關係。休息一兩分鐘後，再繼續做完。如果蹲到底時失去平衡，不妨把腳跟墊高兩寸；過一段時間後，再逐漸減少為一點五寸、一寸、零點五寸，等到柔軟度和活動度改善，你就不需要墊高了。

# 拉

中階健身計畫——一

主要訓練：八組正手／反手引體向上，達最大次數
次要訓練：懸垂式上膊
第三訓練：槓鈴正手彎舉與反手彎舉
腹部訓練：兩分鐘仰臥起坐、兩分鐘抬腿
代謝體能訓練：跑四百公尺三次

**詳細說明：**

● 做一組正手引體向上，達到最大次數後，下槓休息十五到二十秒，再上槓做反手引體向上，盡量衝高次數。這兩組快速完成後，休息二到三分鐘，再開始下一組，總共做八組。試著以懸吊式引體向上完成動作，也可以用擺盪式的動作多做幾次。

● 做六組懸垂式上膊，負重以每組能做三到六次為原則，同時維持標準姿勢。

● 完成後，做一組槓鈴反手彎舉到力竭（目標是六到十次），再換成正手彎舉，達到最大次數，休息約一分鐘，重覆此循環，完成六組彎舉。

● 腹部訓練：完成兩分鐘仰臥起坐，以及兩分鐘抬腿。

● 代謝體能訓練：完成四百公尺衝刺跑三次。

# 推

---

**主要訓練：八組臂屈伸 / 伏地挺身，達最大次數**
**次要訓練：懸垂式抓舉**
**腹部訓練：一百下 V 型上舉**
**代謝體能訓練：三分鐘波比跳，達最大次數**

**詳細說明：**

● 先做一組臂屈伸，達到最大次數，下桿換做一組伏地挺身，同樣達到最大次數。休息二到三分鐘，再做下一組，總共做八組。

● 用 PVC 管進行懸垂式抓舉，以標準姿勢做四十下。

● 腹部訓練：做一百下 V 型上舉，沒力時可以分段完成。

● 代謝體能訓練：快速做完三分鐘波比跳。

# 舉

主要訓練：八組倒立伏地挺身和硬舉
次要訓練：槓鈴臥推
腹部訓練：四組吊槓捲腹，達最大次數
代謝體能訓練：六組一百公尺折返跑

**詳細說明：**

● 做八組倒立伏地挺身，每組達最大次數，組間休息一分鐘，接著做硬舉。硬舉時，負重以每組能做六到八下為原則。做的組數愈多，每組次數愈少，但沒關係。操作過程中，務必維持正確姿勢，好避免運動傷害，硬舉尤其如此。

● 上述動作完成後，做五組臥推，負重以每組能推四到八下為原則。

● 腹部訓練：進行吊槓捲腹時，身體垂吊在單槓上，抬起雙膝觸碰手肘，達最大次數，組間休息二到三分鐘，總共做四組。

● 代謝體能訓練：完成六組一百公尺折返跑，組間休息一分鐘。

# 蹲

主要訓練：頸後深蹲
次要訓練：過頭深蹲
第三訓練：深蹲跳
腹部訓練：三分鐘棒式
代謝體能訓練：跑兩英里

**詳細說明：**

● 做五十下頸後深蹲，負重為體重一半，可以視需要分段完成。

● 用 PVC 管做五十下過頭深蹲。

● 做五十下深蹲跳。

● 腹部訓練：維持棒式達三分鐘。

● 代謝體能訓練：跑兩英里，維持正確姿勢與速度，既能達到代謝訓練的效果，剛才經過高強度動作的雙腿，也能藉此放鬆一下。跑速要快，但不必用盡全力。

# 拉

**主要訓練：做五十下懸吊式引體向上、一百下擺盪式引體向上（計時）**

**次要訓練：上膊**

**第三訓練：槓鈴反手彎舉與正手彎舉**

**腹部訓練：兩分鐘仰臥起坐、兩分鐘抬腿**

**代謝體能訓練：五分鐘波比引體向上，達最大次數**

**詳細說明：**

● 先做五十下懸吊式引體向上，再做一百下擺盪式引體向上，跟時間賽跑，可以視需要分段完成。

● 做六組上膊，負重以每組能做三到六下為原則，並維持標準姿勢。

● 完成後，做一組槓鈴反手彎舉到力竭（負重以能做六到十下為原則），接著換做一組正手彎舉，同樣達到最大次數。休息約一分鐘，重覆此循環，完成六組彎舉。

● 腹部訓練：完成兩分鐘仰臥起坐，以及兩分鐘抬腿。

● 代謝體能訓練：五分鐘內，盡量衝高波比引體向上的次數。

# 推

---

**主要訓練：做五十下臂屈伸、一百下伏地挺身（計時）**
**次要訓練：抓舉**
**腹部訓練：一百下 V 型上舉**
**代謝體能訓練：三分鐘波比跳，達最大次數**

**詳細說明：**

● 做五十下臂屈伸，再做一百下伏地挺身，跟時間賽跑。完成最大次數後，下槓做一組伏地挺身達最大次數，休息二到三分鐘，再進行下一組，總共做八組。

● 用 PVC 管或極輕負重進行抓舉，以標準姿勢做四十下。

● 腹部訓練：做一百下 V 型上舉。

● 代謝體能訓練：快速做完三分鐘波比跳。

# 舉

---

**主要訓練：** 快速做五十下倒立伏地挺身，以及五十下硬舉，負重同體重。

**次要訓練：** 槓鈴臥推

**第三訓練：上膊和挺舉**

**腹部訓練：四組吊槓捲腹，達最大次數**

**代謝體能訓練：六組一百公尺折返跑**

**詳細說明：**

● 先做五十下倒立伏地挺身，再做五十下硬舉，負重等於體重。操作過程中，務必維持正確姿勢，好避免運動傷害，硬舉尤其如此。

● 上述動作完成後，做五組臥推，負重以每組能推四到八下為原則。

● 用 PVC 管或極輕負重進行挺舉和上膊，以標準姿勢做四十下。

● 腹部訓練：進行吊槓捲腹時，身體垂吊在單槓上，抬起雙膝觸碰手肘，盡量衝高次數，組間休息二到三分鐘，總共做四組。

● 代謝體能訓練：完成六組一百公尺折返跑，組間休息一分鐘。

# 蹲

---

**主要訓練：六組頸後深蹲，達最大次數，負重同體重。**
**次要訓練：六組頸前深蹲，負重為體重一半。**
**第三訓練：過頭深蹲**
**腹部訓練：三分鐘棒式**
**代謝體能訓練：跑兩英里**

**詳細說明：**

● 完成六組最大次數的頸後深蹲，負重等於體重，組間休息二到三分鐘，維持標準姿勢。如果姿勢跑掉，就稍作休息，再進行下一組。

● 完成六組最大次數的頸前深蹲，負重等於體重一半。同樣地，姿勢正確與否至關重要。如果姿勢跑掉，就代表該組結束。

● 用 PVC 管做五十下過頭深蹲。

● 腹部訓練：維持棒式達三分鐘。

● 代謝體能訓練：跑兩英里，維持正確姿勢與速度，既能達到代謝訓練的效果，剛才經過高強度動作的雙腿，也能藉此放鬆一下。跑速要快，但不必用盡全力。

# 拉

**主要訓練：** 五組 L 型引體向上、抬膝引體向上、懸吊式引體向上、擺盪式引體向上、反手引體向上。

**次要訓練：** 上膊

**第三訓練：** 槓鈴正手彎舉與反手彎舉

**腹部訓練：** 兩分鐘仰臥起坐、兩分鐘抬腿

**代謝體能訓練：** 二十次、十五次、十次、五次引體向上／上膊

**詳細說明：**

● 做一組最大次數的 L 型引體向上，休息十五秒；換做一組最大次數的抬膝引體向上，休息十五秒；再做一組最大次數的懸吊式引體向上，休息十五秒；接著做一組最大次數的擺盪式引體向上，休息十五秒；然後是一組最大次數的反手引體向上，休息十五秒。重覆此循環，完成五組。

● 做四組上膊，負重以每組能做三到六下為原則，同時維持良好姿勢。

● 完成上述動作後，做一組槓鈴反手彎舉到力竭（負重以能做六到十下為原則），換成正手彎舉再做一組。休息約一分鐘。重覆此循環，完成六組。

●腹部訓練：完成兩分鐘仰臥起坐，以及兩分鐘抬腿。

●代謝體能訓練：引體向上與上膊交替進行，依序為每組二十次、十五次、十次與五次。上膊時，負重以不會組內分段為原則。

# 推

主要訓練：五組臂屈伸、拍手伏地挺身、深度伏地挺身、三頭肌伏地挺身。
次要訓練：抓舉
腹部訓練：一百下 V 型上舉、一百下俄式轉體
代謝體能訓練：三分鐘波比跳，達最大次數

**詳細說明：**

● 做一組最大次數的臂屈伸，休息十五秒；換做一組最大次數的拍手伏地挺身，休息十五秒；再做一組最大次數的深度伏地挺身，休息十五秒；接著做一組三頭肌伏地挺身。完成後，休息二到三分鐘，重覆此循環，完成五組。進行深度伏地挺身時，想辦法讓雙手離地面六英寸，這樣才能完全壓低身體，達到動作範圍的極限。

● 用 PVC 管或極輕負重進行抓舉，以標準姿勢做四十下。

● 腹部訓練：做一百下 V 型上舉，接著一百下俄式轉體，視需要分段完成。

● 代謝體能訓練：快速做完三分鐘波比跳。

# 舉

主要訓練：八組倒立伏地挺身，達最大次數，以及八組硬舉，
負重同體重。
次要訓練：上膊和挺舉
腹部訓練：四組懸吊式直膝抬腿，達最大次數
代謝體能訓練：六組一百公尺折返跑

**詳細說明：**

● 先做八組最大次數的倒立伏地挺身，再做一組硬舉，負重等
於體重，不必撐到完全力竭，感到肌肉疲勞即可，好維持正確
姿勢，避免運動傷害。

● 進行上膊和挺舉時，用極輕負重（約體重的 25%）練習標準
姿勢，總共做三十下。

● 腹部訓練：吊在單槓上，雙腿伸直，盡量抬高。完成最大次
數後，休息二到三分鐘，總共做四組。

● 代謝體能訓練：完成六組一百公尺折返跑，組間休息一分鐘。

# 蹲

---

**主要訓練：八組頸前深蹲，達最大次數，負重約體重一半**
**次要訓練：三組頸後深蹲，達最大次數，負重約等於體重**
**第三訓練：過頭深蹲**
**腹部訓練：三分鐘棒式**
**代謝體能訓練：跑兩英里**

**詳細說明：**

● 做八組頸前深蹲，負重約體重一半，組間休息兩分鐘，不必撐到力竭，肌肉出現疲勞即可。姿勢不良可能會導致嚴重的運動傷害。

● 做三組頸後深蹲，負重約等於體重，組間休息兩分鐘。操作時，維持良好姿勢，不必撐到力竭，肌肉出現疲勞即可。

● 用 PVC 管做五十下過頭深蹲。組間休息約兩分鐘，不必撐到力竭，肌肉出現疲勞即可。姿勢不良可能會導致嚴重的運動傷害。

● 腹部訓練：維持棒式達三分鐘。

● 代謝體能訓練：跑兩英里，維持一定速度，既能達到代謝訓練的效果，剛才經過高強度動作的雙腿，也能藉此放鬆一下。跑速要快，但不必用盡全力。

# 拉

**主要訓練：金字塔式引體向上，每組計時一分鐘**
**次要訓練：上膊**
**第三訓練：槓鈴反手彎舉與正手彎舉**
**腹部訓練：兩分鐘仰臥起坐、兩分鐘抬腿**
**代謝體能訓練：五分鐘波比引體向上，達最大次數**

**詳細說明：**

● 計時訓練一分鐘，第一分鐘做一下引體向上，第二分鐘做兩下引體向上，第三分鐘做三下引體向上。先做懸吊式引體向上，再視需要換成擺盪式，以完成所需次數。依此類推，引體向上每分鐘遞增一次，無法超越前一分鐘次數再停止，短暫休息一下，再繼續做完該組。現在，改從金字塔爬下來，每分鐘次數逐一遞減，視需要分段完成，組間休息一到二分鐘。

● 做六組上膊，負重以每組能做三到六次為原則，同時維持標準姿勢。完成後，做一組槓鈴反手彎舉到力竭（目標是六到十次），再換成正手彎舉，達到最大次數，休息約一分鐘，重覆此循環，完成六組彎舉。

● 腹部訓練：完成兩分鐘仰臥起坐，以及兩分鐘抬腿。

● 代謝體能訓練：引體向上與上膊交替進行，依序為每組二十次、十五次、十次與五次。上膊時，負重以不會組內分段為原則。

# 推

**主要訓練：金字塔式臂屈伸，每組計時一分鐘**
**次要訓練：金字塔式伏地挺身，每組計時一分鐘**
**第三訓練：抓舉**
**腹部訓練：一百下 V 型上舉、一百下俄式轉體**
**代謝體能訓練：三分鐘波比跳，達最大次數**

**詳細說明：**

● 計時訓練一分鐘，第一分鐘做一下臂屈伸，第二分鐘做兩下臂屈伸，第三分鐘做三下臂屈伸。臂屈伸時，保持動作的緩慢、深度與完整。臂屈伸每分鐘遞增一次，無法超越前一分鐘次數再停止，短暫休息一下，再繼續做完該組。現在，改從金字塔爬下來，每分鐘次數逐一遞減，視需要分段完成，組間休息一到二分鐘 。

● 完成臂屈伸後，進行金字塔式伏地挺身，留意動作範圍的完整度。

● 用 PVC 管或極輕負重進行抓舉，以標準姿勢做四十下。

● 腹部訓練：做一百下 V 型上舉，接著一百下俄式轉體，視需要分段完成。

● 代謝體能訓練：快速做完三分鐘波比跳。

# 舉

---

**主要訓練：Tabata 硬舉，負重同體重，搭配 Tabata 倒立伏地挺身**

**第二訓練：上膊和挺舉**

**腹部訓練：四組懸吊式直膝抬腿，達最大次數**

**代謝體能訓練：六組一百公尺折返跑**

**詳細說明：**

● 此項 Tabata 間歇訓練，要計時進行八組二十秒的動作，組間休息十秒鐘。進行最大次數的硬舉時，負重等於體重，務必維持正確姿勢，好避免運動傷害。完成硬舉後，再以相同的間歇訓練進行倒立伏地挺身。

● 進行上膊和挺舉時，用極輕負重（約體重的 25%）練習標準姿勢，總共做三十下。

● 腹部訓練：吊在單槓上，雙腿伸直，盡量抬高。完成最大次數後，休息二分鐘，總共做四組。

● 代謝體能訓練：完成六組一百公尺折返跑，組間休息一分鐘。

# 蹲

---

**主要訓練：八組頸後深蹲，達最大次數，負重約等於體重**
**次要訓練：三組頸前深蹲，達最大次數，負重約體重一半**
**腹部訓練：三分鐘棒式**
**代謝體能訓練：跑兩英里**

**詳細說明：**

● 做八組頸前深蹲，負重約等於體重，組間休息約兩分鐘，不必撐到力竭，肌肉出現疲勞即可，保持正確姿勢，否則可能導致嚴重的運動傷害。

● 做三組頸後深蹲，負重約等於體重一半，組間休息約兩分鐘。維持良好姿勢，不必撐到力竭，肌肉出現疲勞即可。

● 腹部訓練：維持棒式達三分鐘。

● 代謝體能訓練：跑兩英里，維持一定速度，既能達到代謝訓練的效果，剛才經過高強度動作的雙腿，也能藉此放鬆一下。跑速要快，但不必用盡全力。

# 高階健身計畫 ── 一

## 拉

**主要訓練：五組負重引體向上與一般引體向上**
**次要訓練：懸垂式上膊**
**腹部訓練：一百下 V 型上舉、一百下俄式轉體**
**代謝體能訓練：二十五下引體向上 / 跑四百公尺，總共四輪**

### 詳細說明：

● 穿上約合體重 20% 的負重腰帶或背心，做五組懸吊式負重引體向上，組間休息一到二分鐘。接著，脫下負重腰帶，做五組懸吊式引體向上。最後，做五組無負重的擺盪式引體向上，達最大次數。

● 做六組懸垂式上膊，負重以每組能做三到六次為原則，同時維持標準姿勢。

● 腹部訓練：做一百下 V 型上舉，接著一百下俄式轉體。

● 代謝體能訓練：做二十五下引體向上，再跑四百公尺，總共做四輪。

# 推

主要訓練：負重吊環臂屈伸、負重雙槓臂屈伸
腹部訓練：五組懸吊式抬腿
代謝體能訓練：二十下、十五下、十下、五下瞬發抓舉 / 拍手伏地挺身 / 波比跳

**詳細說明：**

● 穿上約合體重 20% 的負重腰帶或背心，做五組負重吊環臂屈伸，組間休息一到二分鐘。再做五組負重雙槓臂屈伸，組間休息一到二分鐘。接著，脫下負重腰帶，做五組吊環臂屈伸，達最大次數。最後，做五組無負重的臂屈伸。

● 腹部訓練：做五組懸吊式抬腿。

● 代謝體能訓練：以瞬發抓舉、拍手伏地挺身與波比跳為一組，總共做四組，依序為二十下、十五下、十下、五下，速度愈快愈好。進行瞬發抓舉時，負重約合體重的 30% 到 40%。

# 舉

主要訓練：抓舉、上膊與挺舉，搭配硬舉
腹部訓練：GHD 仰臥起坐一百下
代謝體能訓練：六組一百公尺折返跑

**詳細說明：**

● 務必注重姿勢與技巧，犧牲姿勢無助你變壯，只會害你受傷。進行這些動作前，強烈建議參加專業人士指導的教練課程。如果無法完全按照標準姿勢與技巧，務必不要勉強，否則絕對會受傷。

● 每個重量抓舉三到五下，每組增加重量五至二十磅，約八組內達到個人最大負重。一旦某個重量抓舉失敗達兩次，就換成上膊與挺舉。每組持續增加五至二十磅，約六組內達到最大負重。一旦上膊與挺舉失敗達兩次，就換成硬舉。每組持續增加十到五十磅，直到達到最大負重，並以最大負重做兩下硬舉。

● 進行上膊和挺舉時，用極輕負重（約體重的 25%）練習標準姿勢，總共做三十下。

● 腹部訓練：利用 GHD，做仰臥起坐一百下。

● 代謝體能訓練：完成六組一百公尺折返跑。

# 蹲

---

**主要訓練：過頭深蹲、頸前深蹲、頸後深蹲**
**腹部訓練：懸吊式抬腿**
**代謝體能訓練：跑兩英里**

**詳細說明：**

● 進行這些動作時，務必維持標準姿勢，否則可能導致嚴重的運動傷害。不要自尊心作祟、高估自己所能承受的重量。

● 組間休息約兩分鐘。由過頭深蹲開始，每個重量做三到五下，每組增加重量五至二十磅，約八組內達到個人最大負重。一旦某個重量的過頭深蹲失敗，就換成頸前深蹲。每組持續增加五至二十磅，約六組內達到最大負重。一旦某下頸前深蹲失敗，就換成頸後深蹲。每組持續增加十至二十磅，直到達到最大負重，並以最大負重做兩下深蹲。

● 腹部訓練：做五組懸吊式抬腿，達最大次數。

● 代謝體能訓練：跑兩英里，維持一定速度，但不必用盡全力，目標是放鬆剛才經過高強度動作的雙腿。

別忘了，操作「舉」的動作，務必保持正確姿勢。

# 高階健身計畫──二

## 拉

**主要訓練：**三十下暴力上槓、一百下懸吊式引體向上、一百下擺盪式引體向上（計時）
**次要訓練：**懸垂式上膊
**第三訓練：**槓鈴正手彎舉與反手彎舉
**腹部訓練：**一百下 V 型上舉、一百下俄式轉體、一百下仰臥起坐、一百下反向捲腹
**代謝體能訓練：**二十下、十五下、十下和五下引體向上／上膊

**詳細說明：**

● 依序做二十下暴力上槓、一百下懸吊式引體向上與一百下擺盪式引體向上。

● 做六組懸垂式上膊，負重以每組能做三到六次為原則，同時維持標準姿勢。

● 做五組反向捲腹，再來是正向捲腹，負重以每組能做八到十二次為原則。

● 腹部訓練：做一百下 V 型上舉，接著一百下俄式轉體。

● 代謝體能訓練：做四組上膊／引體向上，依序為二十下、十五下、十下和五下，上膊負重約合體重的 60%。

# 推

**主要訓練：吊環臂屈伸、臂屈伸、吊環伏地挺身、伏地挺身**
**腹部訓練：五組懸掛式抬腿**
**代謝體能訓練：一百下波比跳（計時）**

**詳細說明：**

● 依序做一百下吊環臂屈伸、一百下臂屈伸、一百下吊環伏地挺身與一百下
伏地挺身，速度愈快愈好。

● 腹部訓練：做五組懸掛式抬腿，達最大次數。

● 代謝體能訓練：做一百下波比跳，跟時間賽跑。

# 舉

---

**主要訓練：硬舉**

**腹部訓練：一百下 GHD 仰臥起坐**

**代謝體能訓練：倒立伏地挺身循環、上膊和挺舉、硬舉**


**詳細說明：**

● 務必注重姿勢與技巧，犧牲姿勢無助你變壯，只會害你受傷。進行這些動作前，強烈建議參加專業人士指導的教練課程。如果無法完全按照標準姿勢與技巧，務必不要勉強，否則絕對會受傷。

● 做八到十組硬舉，前四組逐漸增加負重，最後以每組能做二到四次為原則。

● 腹部訓練：做一百下 GHD 仰臥起坐。

● 代謝體能訓練：準備好負重約合體重 150% 的槓鈴，以及負重約合體重 60% 的槓鈴。用負重為體重 60% 的槓鈴，依序做倒立伏地挺身、上膊和挺舉，總共做四組；再用負重為體重 150% 的槓鈴進行硬舉，同樣做四組，次數依序為二十下、十五下、十下、五下。

# 蹲

---

**主要訓練：頸後深蹲**

**腹部訓練：一百下仰臥起坐，胸口槓片約合體重 20%**

**代謝體能訓練：過頭深蹲 / 頸後深蹲 / 跑步**

**詳細說明：**

● 進行這些動作時，務必維持標準姿勢，否則可能導致嚴重的運動傷害。不要自尊心作祟、高估自己所能承受的重量。

● 做八到十組的頸後深蹲，前四組逐漸增加重量，最後以每組能做二到四次為原則。

● 腹部訓練：胸口擺著約合體重 20% 的槓片，做一百下仰臥起坐。

● 代謝體能訓練：跟時間賽跑，做四組過頭深蹲，負重約合體重 60%，然後做頸後深蹲，負重等於體重，依序為二十下、十五下、十下、五下。組間跑四百公尺。

別忘了，操作各項「舉」的動作時，務必保持正確姿勢。

# 拉

**主要訓練：**訓練三分鐘，休息一分鐘，動作包括暴力上槓、L
型直膝引體向上、L 型屈膝引體向上、懸吊式正手／反手引體
向上、擺盪式引體向上
**次要訓練：**懸垂式上膊
**第三訓練：**正手彎舉與反手彎舉
**腹部訓練：**一百下 V 型上舉、一百下俄式轉體
**代謝體能訓練：**二十下、十五下、十下、五下引體向上／上膊

**詳細說明：**

● 計時訓練三分鐘，組間休息一分鐘。三分鐘內衝高暴力上槓
的次數，休息一分鐘，再以相同時間依序做 L 型直膝引體向上、
L 型屈膝引體向上、懸吊式正手／反手引體向上和擺盪式引體
向上。擺盪式引體向上的三分鐘結束後，繼續拉滿一百下。

● 做六組懸垂式上膊，負重以每組能做三到六次為原則，同時
維持標準姿勢。

● 做五組彎舉，先正手再反手，負重以每組能做八到十二下為
原則。

● 腹部訓練：做一百下 V 型上舉，接著一百下俄式轉體，

● 代謝體能訓練：做四組引體向上／上膊，依序為二十下、
十五下、十下、五下。

# 推

---

**主要訓練：**訓練三分鐘，休息一分鐘，動作包括吊環臂屈伸、吊環伏地挺身、標準臂屈伸、拍手伏地挺身、深度伏地挺身、標準伏地挺身。

**次要訓練：**抓舉

**腹部訓練：**五分鐘棒式

**代謝體能訓練：**三組三分鐘波比跳

**詳細說明：**

● 計時訓練三分鐘，組間休息一分鐘。三分鐘內衝高吊環臂屈伸的次數，休息一分鐘，再以相同時間依序做吊環伏地挺身、標準臂屈伸、拍手伏地挺身、深度伏地挺身、標準伏地挺身。標準伏地挺身的三分鐘結束後，繼續做滿一百下。

● 用極輕負重做四十下抓舉。

● 腹部訓練：維持棒式達五分鐘。

● 代謝體能訓練：三組三分鐘波比跳，達最大次數，組間休息一分鐘。

# 舉

---

**主要訓練：上膊和挺舉**
**腹部訓練：GHD 仰臥起坐一百下**
**代謝體能訓練：倒立伏地挺身循環、上膊和挺舉、硬舉**

**詳細說明：**

● 務必注重姿勢與技巧，犧牲姿勢無助你變壯，只會害你受傷。進行這些動作前，強烈建議參加專業人士指導的教練課程。如果無法完全按照標準姿勢與技巧，務必不要勉強，否則絕對會受傷。

● 做八到十組硬舉，前四組逐漸增加負重，最後以每組能做二到四次為原則。

● 腹部訓練：做一百下 GHD 仰臥起坐，接著一百下俄式轉體，負重十到二十五磅。

● 代謝體能訓練：準備好負重約合體重 180% 的槓鈴，以及負重約合體重 80% 的槓鈴。用負重為體重 80% 的槓鈴，依序做倒立伏地挺身、上膊和挺舉，總共做十組；再用負重為體重 180% 的槓鈴進行硬舉，同樣做十組，次數依序為十下、九下、八下、七下、六下、五下、四下、三下、兩下、一下。

修復與保健：運動傷害的避免與復原

# 蹲

---

**主要訓練：過頭深蹲、頸前深蹲、頸後深蹲**
**腹部訓練：一百下仰臥起坐，胸口槓片約合體重 20%**
**代謝體能訓練：跑步**

**詳細說明：**

● 做進行這些動作時，務必維持標準姿勢，否則可能導致嚴重的運動傷害。不要自尊心作祟、高估自己所能承受的重量。

● 用負重約合體重 60% 的槓鈴，做五十下過頭深蹲；再用負重約合體重 80% 的槓鈴，做五十下頸前深蹲；最後用負重等於體重的槓鈴，做五十下頸後深蹲。

● 腹部訓練：胸口擺著約合體重 20% 的槓片，做一百下仰臥起坐。

● 代謝體能訓練：跑兩英里，維持一定速度。

別忘了，操作各項「舉」的動作時，務必保持正確姿勢。如果姿勢跑掉，就減輕負重。

# 拉

**主要訓練**：暴力上槓、L型直膝引體向上、L型屈膝引體向上、懸吊式正手／反手引體向上、擺盪式引體向上

**次要訓練**：懸垂式上膊

**第三訓練**：正手彎舉與反手彎舉

**腹部訓練**：一百下V型上舉、一百下俄式轉體、一百下仰臥起坐、一百下反向捲腹

**代謝體能訓練**：採每分鐘（EMOM）訓練法進行波比跳／引體向上

**詳細說明：**

● 做一組暴力上槓，盡量衝高次數，再各做一組最大次數的L型直膝引體向上、屈膝引體向上、懸吊式正手引體向上、擺盪式引體向上、懸吊式反手引體向上。重覆此循環五次，盡量縮短組間休息時間。

● 做六組懸垂式上膊，負重以每組能做三到六次為原則，同時維持標準姿勢。

● 做五組反向捲腹，再來是正向捲腹，負重以每組能做八到十二次為原則。

● 依序做一百下V型上舉、一百下俄式轉體、一百下仰臥起坐和一百下反向捲腹。

● 代謝體能訓練：計時六分鐘，每分鐘完成五次波比跳和最大次數的引體向上。

高階健身計畫——四

修復與保健：運動傷害的避免與復原

# 推

---

**主要訓練：吊環臂屈伸、吊環伏地挺身、雙槓臂屈伸、拍手伏地挺身、深度伏地挺身、標準伏地挺身**

**次要訓練：懸垂式抓舉**

**腹部訓練：吊環 L 型支撐**

**代謝體能訓練：採 EMOM 訓練法進行波比跳 / 吊環臂屈伸**

**詳細說明：**

● 做一組吊環臂屈伸，盡量衝高次數，再各做一組最大次數的吊環伏地挺身、雙槓臂屈伸、拍手伏地挺身、深度伏地挺身、標準伏地挺身。重覆此循環五次，盡量縮短組間休息時間。

● 做六組懸垂式抓舉，負重以每組能做三到六次為原則，同時維持標準姿勢。

●腹部訓練：做五組，吊環 L 型支撐，達最大次數。

● 代謝體能訓練：計時六分鐘，每分鐘完成五次波比跳和最大次數的吊環臂屈伸。

# 舉

---

**主要訓練：上膊和挺舉**
**腹部訓練：五組懸吊式雨刷運動**
**代謝體能訓練：上膊和挺舉**

**詳細說明：**

● 務必注重姿勢與技巧，犧牲姿勢無助你變壯，只會害你受傷。進行這些動作前，強烈建議參加專業人士指導的教練課程。如果無法完全按照標準姿勢與技巧，務必不要勉強，否則絕對會受傷。

● 做八到十組上膊和挺舉，前四組逐漸增加負重，最後以每組能做二到四次為原則。

● 腹部訓練：做五組懸吊式雨刷運動。

● 代謝體能訓練：做三十下上膊和挺舉，負重約合體重 60%，過程中不要放下槓鈴，休息兩分鐘，做二十下相同負重的上膊和挺舉，休息兩分鐘，再做十下上膊和挺舉。

# 蹲

---

**主要訓練：過頭深蹲、頸後深蹲**
**腹部訓練：一百下仰臥起坐，胸口槓片約合體重的 20%**
**代謝體能訓練：跑步**

**詳細說明：**
● 做進行這些動作時，務必維持標準姿勢，否則可能導致嚴重的運動傷害。不要自尊心作祟、高估自己所能承受的重量。
● 做八到十下過頭深蹲，每組逐漸增加重量，直到力竭為止。組間休息二到三分鐘。力竭後，減至前一組重量，再做三組過頭深蹲，達最大次數。
● 完成過頭深蹲後，將重量增加約 20%，以頸後深蹲能做十次為原則。現在，做二十下頸後深蹲，過程中槓鈴不碰到架子。這應該是你做過最困難的深蹲訓練，從第十二下開始，每下都需要完全的專注力、集中力、恆毅力和意志力。
● 腹部訓練：胸口擺著約合體重 20% 的槓片，做一百下仰臥起坐。
● 代謝體能訓練：跑兩英里，維持一定速度。

別忘了，操作各項「舉」的動作時，務必保持正確姿勢。如果姿勢跑掉，就減輕負重。

# 出差也能健身

許多工作都需要出遠門,而差旅很容易阻礙健身計畫。

## 但是這不代表「絕不可能」。

出門在外,依然有許多方法可以好好健身。

假如你長時間都在外地,像外派到某個軍事單位,務必要提早計畫是否要攜帶器材,或確認當地有器材可用,好持續健身的習慣。這代表可能要事先帶好裝備,或找尋合適的健身房或設施。就民間企業來說,如果你要長時間待在外地,就可能要成為當地健身房的會員。

無論是自己帶器、用別人的器材或加入健身房,絕對有機會找到健身地點,可以持續原本的計畫。

但是一到四天的短期差旅,有時會造成更大的困擾。其中一點就是,短期旅行不方攜帶器材。常常出差的人就知道,本來行程就很緊湊了,拖運行李更是帶有風險又耗費時間。

所以,每當我出遠門時,都盡量輕裝上路,只帶著裝著粉塊的粉袋、兩手護腕、記錄健身數據的筆電、尼龍繩和硬式按摩球(比曲棍球稍大),用來進行活動度與肌力維持的訓練。

如果飯店附有健身房，我就會前往使用。當然，這些健身房的器材通常很差，槓鈴負重很有限，可能也沒有適合引體向上的單槓或臂屈伸需要的雙槓。但我還是會好好利用，盡量執行平時的健身計畫。因為負重不夠，所以只好將就低重量，但是增加原本的次數。如果現場有單槓，我也會加以利用；沒有的話，我就會拿條毛巾掛在一件器材上，開始做引體向上。我也常常在兩台跑步機中間做臂屈伸、利用長椅跳上跳下、跳繩提升心跳速度，或用健身房其他東西讓身體熱起來。

對我來說，這些健身動作只是用來維持肌力，無法真正幫助我進步。

有時飯店可能沒有健身房，或是設施實在太簡陋，或當我出門在外、行程滿滿，沒太多時間運動，我通常會直接在飯店房間地板上健身。

飯店房間內的健身項目非常基礎，目的也不是要大幅提升體能狀況，主要在於保持早起健身的紀律，並且從中獲得好處，例如促進血液往大腦流動、釋放腦內啡，並且更有動力迎接新的一天。另外，我也會在出遠門前，先做完幾天份的體能訓練，這樣身體就需要休息，我也可以做些簡單的動作來恢復體力。

儘管如此，當我出門在外時，確實可以快速完成的動作，幫助我保持健身習慣。

針對「拉」的動作，我會試著找個近似單槓的設施。我通常都會在停車場找到（記得確認堅不堅固），或是到外頭找一棵樹或鷹架之類的東西。接著，我會做八到十組懸吊式引體向上，動作非常緩慢且穩定，下來時放慢速度，加強離心收縮。我也可能會做不同類型的引體向上：反手、胸觸槓、打字機等五花八門的動作。如果我要讓身體真的熱起來，就會做些波比引體向上，外加腹部運動。

針對「推」的動作，我會在飯店房間瘋狂做伏地挺身，依序從八十下、七十下、六十下、五十下、四十下、三十下、二十下、十下遞減。另一種變化是依序做十下、十下下、十下、十下、十下、一百下、五十下、五十下、三十三下、三十三下、三十三下、二十五下、二十五下、二十五下、二十五下、二十下、二十下、二十下、二十下、二十下、十下、十下、十下、十下、十下。除此之外，我還會做波比跳，計時一百下，當然會搭配腹部運動。

針對「舉」的動作，我會選擇做倒立伏地挺身八到十組，達最大次數，再加進一些雙臂划行、開合跳、雙臂繞圈等動作，當然也少不了波比跳。

如果我出差的那天剛好要練深蹲，選擇就多了。我喜歡做手槍式深蹲（單腿深蹲）和深蹲跳，雙腿輪流做十次深蹲，再加二十次深蹲跳；接著，雙腿各做九次手槍式深蹲，搭配十八次深蹲跳；再來則減少為八次手槍式深蹲，搭配十六次深蹲跳。依此類推，最後就是一次手槍式深蹲，搭配兩次深蹲跳。其他選擇包括弓箭步、分腿蹲跳、原地爬山、深蹲甩腿，當然還有波比跳。

如果我真的痠痛到不行、需要一天讓肌肉復原，就會好好做些伸展運動，搭配一些腹部運動，以及 MobilityWOD 網站的訓練，再加上一百下波比跳，好好促進血液循環。

我在前面也提過，這些動作多半是維持出差一兩天內的體能，讓身體熱起來，保持清醒與警覺，以及個人的紀律。

如果我真的需要認真健身，增加上面那些動作的次數就好。一旦次數和強度提升，這些動作可能就成了魔鬼訓練。我常常在世界各地的飯店房間中，把自己操到筋疲力盡。只要一點創意和**意志力**，就可以辦得到。

所以，每當你出遠門時，不要偷懶、自滿或找藉口。

發揮自己的創意，激發自己的**衝勁**，做完該做的訓練。

## 出門在外時，**依然要堅守紀律之道。**

# 精益求精、不斷探索

除了本書的內容外，還有許許多多我沒提到的器材與動作。

你可以去玩玩壺鈴。壺鈴也是保持體能的絕佳器材，像是擺盪、抓舉、高腳盃深蹲、高拉、弓箭步上舉、土耳其起立、負重引體向上、伏地挺身加划船等等，動作不勝枚舉。不妨把這些加進健身計畫，可以當作動作的補充，或規定幾天為「壺鈴日」。

另外，你還可以從體操學到數不清的動作。暴力上槓一直是我健身的主要項目，這也是體操的基本動作。其他還包括懸吊式抬腿、L 型支撐、V 型上舉、前後水平、多平面推壓等各式各樣的體操動作。找個健身房、教練或線上課程，開始進行這些難度爆表的徒手訓練。

不要光練壺鈴和體操，多方看看、持續嘗試、不斷探索，才會一直進步。

自律就是自由

# 結語：身體力行

不要只讀這本書。
不要只聽 Podcast。
不要只看網路影片。

不要只抄筆記。
不要只讀筆記。
不要只跟朋友分享。

不要只會計畫。
不要只會寫行事曆。
不要只「出現動力」。

不要只會說。
不要只會想。
不要只會做夢。

這些都不重要。

唯一重要的是你實際的行動。

所以，

# 做就對了！

國 家 圖 書 館 出 版 品 預 行 編 目 (CIP) 資 料

自律就是自由：輕鬆取巧純屬謊言，唯有紀律才是王道。/ 喬
可・威林克 (Jocko Willink) 作；林步昇譯 . -- 初版 . -- 臺
北市：經濟新潮社出版：家庭傳媒城邦分公司發行，2018.09
　面；　公分 . -- (經營管理；150)
譯自：Discipline equals freedom : field manual
ISBN 978-986-96244-7-3(平裝)

1. 自律 2. 自我實現

177.2                                                  107013615